一课研究丛书
数与代数系列

朱乐平 ○ 主编

解方程
教学研究

李春英 / 著

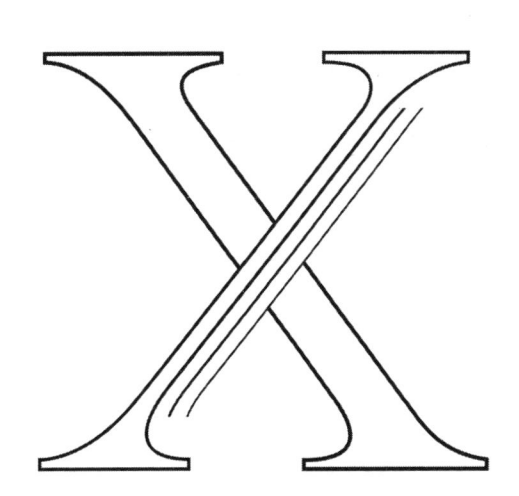

江西教育出版社
JIANGXI EDUCATION PUBLISHING HOUSE

图书在版编目(CIP)数据

解方程教学研究 / 李春英著 . —— 南昌：江西教育出版社 , 2021.4

（一课研究丛书 / 朱乐平主编 . 数与代数系列）

ISBN 978-7-5705-1757-2

Ⅰ . ①解… Ⅱ . ①李… Ⅲ . ①小学数学课 - 教学研究 Ⅳ . ① G623.502

中国版本图书馆 CIP 数据核字 (2020) 第 053435 号

解方程教学研究

JIE FANGCHENG JIAOXUE YANJIU

李春英　著

江西教育出版社出版

(南昌市抚河北路 291 号　　邮编：330008)

各地新华书店经销

江西省和平印务有限公司印刷

720 毫米 ×1000 毫米　　16 开本　　13.5 印张　　字数 189 千字

2021 年 4 月第 1 版　　2021 年 4 月第 1 次印刷

ISBN 978-7-5705-1757-2

定价：38.00 元

赣教版图书如有印装质量问题，请向我社调换　电话：0791-86710427

投稿邮箱：JXJYCBS@163.com　　电话：0791-86705643

网址：http://www.jxeph.com

赣版权登字 -02-2020-134

版权所有　侵权必究

序

　　教师想上好一节小学数学课，常常需要一些资料进行阅读与研究，现在大家比较习惯于网上搜索，搜索的结果看上去内容有很多，但由于没有经过很好的筛选，要找到自己想要的内容，还是一件困难的事。本丛书试图为数学教师提供一个"资料超市"，为教师上好一节数学课，提供十分有用的资料，减轻教师备课、上课与研究课的工作焦虑与负担。

　　我们团队从2007年开始进行一课研究，到2014年出版了"一课研究丛书·图形与几何系列"。经过五年多时间研究，包括听取读者的反馈意见，我们在原来的基础上，即将出版这套"一课研究丛书·数与代数系列"（以下简称丛书）。这套丛书是对课的研究，其中的每一本都是围绕小学数学"数与代数"领域的一节课（或者是相关的一类课）进行多视角系统研究而成。

　　研究的内容主要是根据一线教师的课堂教学实践和理论水平提高的需要来确定。主要从以下几个维度为数学教师提供"资料超市"：

　　第一，数学知识维度。要上好一节课，围绕这一节课的知识点，数学教师需要具有比学生更多的数学知识。"上位数学知识"，它是针对这一节课的内容，寻找与这节课相关的初中、高中（或中等师范学校）、大学数学知识。很显然，没有上位数学知识是无法上好一节课的，但只有上位数学知识还远远不够，必须从上位数学知识中获得对小学数学教学的启示，也就是说，要把围绕一节课的上位数学知识与小学数学紧密结合，指导小学数学教师进行教学。这一维度的研究主要解决教师在知识上的"一桶水"问题。

　　第二，课程标准维度。从理论上说，一个教师有了数学知识以后，首先要关注的就是课程标准。《义务教育数学课程标准（2011年版）》规定了数学学科的课程性质、目标、内容和实施建议。对一节课展开研究应该从最高的纲领性文件入手，明确这节课的目标定位。丛书中所涉及的每一节课，作者都查阅了自20世纪初到现在的一百多年里的所有数学课程标准（教学大纲），展现出一节课的历史沿革过程并从中获得启示。

第三，教材比较维度。数学教材为学生学习一节课的内容提供了基本线索和知识结构，是重要的数学课程资源。丛书对一节课的教材从多个角度进行比较研究。从时间的角度看，进行了纵向与横向的比较研究。纵向比较研究是对同一个出版社或同一个主编在不同时期编写的教材进行多角度比较，从历史的沿革中感悟同一节课在不同时期的编写特点。横向比较是对同一时期出版的多种不同版本的教材进行比较。从地域的角度看，丛书中进行了国内各地区教材的比较，国内教材与国外教材的比较。教材比较研究可以为教师上好一节课开阔视野，寻找到许多有价值的课程资源。

第四，理论指导维度。没有实践的理论是空虚的，没有理论的实践是盲目的。要上好一节课，自然需要理论的指导。奇怪的是我们虽然有许多的教育理论，但要真正系统地指导一节课的时候，特别是要指导一节课进入实践操作时，却又常常是困难的。丛书在数学教育理论指导课堂教学方面做了探索，努力做到让理论进入课堂教学实践，使实践者能够真正感受到理论的力量。

第五，学生起点维度。学生是学习的主体，要进行一节课的教学，自然要研究学生的起点。丛书不仅阐述如何了解学生起点的方法，而且还围绕一节课的学习，对学生起点情况进行分析与研究，从而更好地帮助教师进行教学设计。

第六，教学设计维度。有了上述五个维度的研究后，我们就可以进入教学设计维度的研究。丛书首先对一节课的教学设计进行综述，把散见在各种杂志（如《小学数学教师》《小学教学》等）和专著上的教学设计成果进行整理，明确这节课目前的所有研究成果，然后再根据学生的情况和多个不同的角度设计出新的教学过程。这些新的教学设计都可以直接进入课堂教学实践。

第七，课堂教学维度。有了教学设计就可以进入课堂教学研究。这一维度主要是对一节课进行课堂教学的观察与评价。丛书将阐述如何从多个角度了解教师与学生的情况，如何对教师的教与学生的学进行观察与评价。

第八，课后评价维度。课后评价维度是指在学生学习了一节课以后，对学生的学习情况进行了解与评价。本丛书将从情感态度与知识技能两个大的方面对学生进行评价，包括如何进行课后的测查与访谈，以及对学生容易掌握的内容和容易出错的地方进行调查与研究，等等。

第九，校本教研维度。校本教研的重要性不言而喻。丛书将围绕一节课提供校本教研的活动方案，即提供教师对一节课开展系列研究的活动方案，以便对一节课进行全面、深入、系统的研究。

上述九个维度是丛书研究的基本视角，每一本书的作者会根据课的具体内容与特点有所侧重地展开研究。每一本专著既有自己的个性，又有丛书的共性。

丛书的作者是一线的小学数学教师或教研员，他们将自己对数学教育的理解，用自己熟悉的话语方式进行表达，并根据一线数学教师的需要写成了专著，试图为一线教师开展教学活动提供方便，促进数学教师的专业发展。

朱乐平
2019 年 8 月于杭州

目 录

1 上位数学知识研究与启示 ………………………………………… 001
1.1 解方程的相关概念 ……………………………………………… 002
1.1.1 解方程 ………………………………………………………… 002
1.1.2 解方程与方程的解 …………………………………………… 003
1.1.3 方程的根式解 ………………………………………………… 004
1.1.4 方程的解与方程的根 ………………………………………… 005
1.1.5 增根和失根 …………………………………………………… 007
1.2 解方程的发展史 ………………………………………………… 009
1.2.1 中国古代的方程解法 ………………………………………… 009
1.2.2 国外解方程的历史过程 ……………………………………… 010
1.3 解方程的原理 …………………………………………………… 012
1.3.1 方程的同解定理 ……………………………………………… 012
1.3.2 同解变形与恒等变形 ………………………………………… 014
1.4 上位数学知识对教学的启示 …………………………………… 014
1.4.1 解方程过程与检验过程之间的联系 ………………………… 014
1.4.2 解方程的格式要求 …………………………………………… 015
1.4.3 四则运算中各部分之间的关系与等式的基本性质是否可以建立联系 …………………………………………………………… 016
1.4.4 在解方程教学中体会变与不变 ……………………………… 016

2 课程标准（教学大纲）比较研究与启示 ······ 018
2.1 我国课程标准（教学大纲）中解方程教学内容要求的纵向比较 ······ 018
2.1.1 解方程在课程标准中的首次提出 ······ 018
2.1.2 解方程的教学内容和教学要求变化 ······ 019
2.1.3 解方程依据发生的变化 ······ 020
2.2 我国解方程教学内容要求纵向比较的启示 ······ 021
2.2.1 代数思维 ······ 021
2.2.2 代数思维和算术思维的本质区别 ······ 022
2.3 中外最新课程标准中对解方程教学内容要求的横向比较 ······ 024
2.3.1 部分国家对解方程的教学内容要求 ······ 024
2.3.2 中外最新课程标准对解方程教学内容要求的不同 ······ 025
2.4 中外最新课程标准教学内容要求横向比较的启示 ······ 026
2.4.1 低年级教学中对等号代数意义的渗透 ······ 026
2.4.2 在算术思维中渗透代数思维 ······ 027

3 相关教育教学理论的研究与启示 ······ 028
3.1 相关的教育理论研究 ······ 029
3.1.1 个体身心发展的差异性对解方程教学的影响 ······ 029
3.1.2 学习动机理论的主要观点在解方程教学中的运用 ······ 030
3.2 相关的教学理论研究 ······ 031
3.2.1 加涅的教学设计理论与解方程教学设计的结合 ······ 031
3.2.2 马杰的教学设计理论与解方程教学设计的结合 ······ 032
3.3 相关教育教学理论对解方程教学研究的启示 ······ 033

4 教材比较研究与启示 ······ 035
4.1 同一时期不同版本教材的横向比较研究 ······ 036
4.1.1 2001年前不同版本教材的横向比较研究 ······ 036
4.1.2 2001年后不同版本教材的横向比较研究 ······ 049

4.2 不同时期同一版本教材的纵向比较研究 ……………………… 063
  4.2.1 人教版教材解方程教学内容编排的纵向比较研究 ……… 063
  4.2.2 人教版教材解方程教学内容编排的纵向比较研究的启示 071
4.3 其他版本教材中解方程教学内容的简单介绍 ………………… 071
  4.3.1 中国香港教材中解方程教学内容的简单介绍 …………… 071
  4.3.2 美国教材中解方程教学内容的简单介绍 ………………… 074

5 解方程的学情调查研究 …………………………………………… 081
5.1 人教版 2013 年版教材解方程内容的前测研究 ………………… 082
  5.1.1 人教版 2013 年版教材解方程内容的渗透教学 ………… 082
  5.1.2 人教版 2013 年版教材解方程内容的前测试卷编制 …… 107
  5.1.3 人教版 2013 年版教材解方程内容的前测试卷分析 …… 112
  5.1.4 人教版 2013 年版教材解方程内容前测结果的教学启示 … 116
5.2 浙教版 2013 年版教材解方程内容的前测研究 ………………… 117
  5.2.1 浙教版 2013 年版教材解方程内容的渗透教学 ………… 117
  5.2.2 浙教版 2013 年版教材解方程内容的前测试卷编制 …… 134
  5.2.3 浙教版 2013 年版教材解方程内容的前测试卷分析 …… 138
  5.2.4 浙教版 2013 年版教材解方程内容前测结果的教学启示 … 139
5.3 解方程内容的后测研究 ………………………………………… 141
  5.3.1 小学阶段解方程测试中的典型错例分析 ………………… 141
  5.3.2 七年级解方程测试中的典型错例分析 …………………… 153
  5.3.3 解方程后测的教学启示 …………………………………… 155

6 解方程的教学设计研究与启示 …………………………………… 158
6.1 教学设计相关理论 ……………………………………………… 159
  6.1.1 什么是设计 ………………………………………………… 159
  6.1.2 什么是教学设计 …………………………………………… 160
  6.1.3 教学设计理论的发展过程梳理 …………………………… 161

6.1.4 我国教学设计理论的指导思想 …………………………… 162
6.2 小学阶段解方程的教学设计、评价及反思 ………………………… 163
　　6.2.1 人教版教材五年级上册解方程教学设计及评价 ………… 163
　　6.2.2 浙教版教材四年级下册解方程教学设计及评价 ………… 173
　　6.2.3 构思基于评价的教学设计——解方程教学反思 ………… 182
6.3 基于中小衔接的解方程教学设计及评价 …………………………… 188
　　6.3.1 北师大版教材四年级下册解方程教学设计及评价 ……… 189
　　6.3.2 浙教版教材七年级上册解方程教学设计及评价 ………… 191
　　6.3.3 苏教版教材七年级上册解方程教学设计及评价 ………… 195
　　6.3.4 解方程组教学设计及评价 …………………………………… 198
6.4 解方程教学设计研究的启示 ………………………………………… 200

参考文献 …………………………………………………… 203

1　上位数学知识研究与启示

> **思考**
> 什么是上位？什么是上位知识？既然有上位，那么是否一定有同位或者下位呢？如果有，那么什么又是同位或者下位呢？什么又是同位知识或者下位知识呢？

为了激活新旧知识之间的实质性联系，提高已有知识对接受知识的有效影响，奥苏伯尔提出了"先行组织者"（advance organizer）教学策略。奥苏伯尔根据对认知结构的分析，把学习分为下位学习、上位学习和并列结合学习三类。把新知识纳入认知结构中原有的有关方面的过程叫类属，又叫下位学习。认知结构中原有的若干从属观念可以类属于一个要学习的新命题之下，便产生上位学习。

上位知识应该是从上位学习的概念中引发出来的。朱乐平老师在他的《圆的认识》一书中说，相对于小学数学知识来说，上位数学知识主要是指初中、高中（中等师范学校）和大学的数学知识。

> **思考**
> 查看本书目录，你会发现一个有趣的现象，就是只有上位知识的研究，而没有同位知识或者下位知识的研究，为什么呢？

关于同位知识和下位知识的一些研究，我们会在学情研究的篇幅中适当渗透。比如前测研究中关于学生对学习新知的知识储备、经验储备、技能储备、思维储备，等等，就应该是所谓的下位知识。而在后测研究中关于学生容易混淆的两个知识点之间的联系和沟通，就应当属于同位知识。

> **思考**
> 请你想一想关于解方程的上位知识有哪些？为什么？
> 本书给出的解方程的上位知识和你想的有什么相同或不同？

1.1 解方程的相关概念

1.1.1 解方程

看到"解方程"这个词，你的第一反应是否和笔者一样：解方程有什么好研究的？不就是很简单地通过计算求出未知数吗？一句话就能搞定的事情，干嘛折腾出这么多内容呢？有这个必要吗？不错，刚拿"解方程教学研究"这个课题时笔者也是这么想的。但是经过研究，笔者发现还真不是一句话或几句话就能解决的。

作为小学数学教师的你，一定记得小学教材中对解方程的定义吧？求方程的解的过程叫做解方程。这是小学教材中给出的定义。

《数学辞海》里是这样说的：一个方程所有解的集合称为这个方程的解集。通常解方程就是求出方程的解集。求方程的解或判定方程无解的过程，即为求方程解集的过程。无解方程的解集是空集。在不同的范围内解一个方程可能得到不同的解集。如数值方程 $x^4-16=0$ 的有理根只有 $x_1=2$，$x_2=-2$，而它的复数根有 $x_1=2$，$x_2=-2$，$x_3=2i$，$x_4=-2i$。

如果只知道小学教材中的那一项简单的定义还是远远不够哦！《数学辞海》里的这段话更全面、更突出本质地说明了解方程的内涵，这就是相关上位知识带给我们的某种思考。

> **思考**
> 你所教的教材中是否明确定义了解方程？如果是，你认为定义中的关键词有哪些？如果不是，你能试着分析一下原因吗？
> 你在教学中是怎样告诉学生什么是解方程的？通过本段上位知识的学习，你打算今后怎样改进关于"解方程"定义的教学？

1.1.2 解方程与方程的解

从字面上理解,"方程的解"中的"解"字是一个名词,而"解方程"中的"解"字是一个动词。从"解方程"这一内容开始,孩子们就要和"解"这个字打交道了。"解方程"之前的题目基本上都是"计算下面各题""简便计算""口算"等与"算"有关的要求,而"解方程"的内容里不仅题目要求是"解下列方程",而且在演算方程式之前还要郑重其事地写上"解"这个字,后面写上":",这是基本的格式要求。最后求出的未知数的值既不叫做"和""差""积""商",也不叫做"结果""得数",而是叫做"方程的解"。这样一套话语体系的改变对四、五年级的孩子们来说是比较难接受的。所以重视这两个看似有点混淆的概念教学对孩子们今后学习代数知识,尤其是解方程知识,是非常重要的。

"使方程左右两边相等的未知数的值,叫做方程的解。"这是小学数学教材中的定义。由此可以看出,方程的解是一个值,或者说是一个数或式;而解方程是一个过程,是求这个未知数的值的过程,如解疙瘩、解绳子、解扣子一样。

《数学辞海》里是这样说的:方程的解是方程的重要概念之一。使方程左右两边相等的变元所取的值称为方程的解。一元数值方程的解也称为方程的根。n元数值方程的解是n元有序数组。

方程的根也是方程的重要概念之一,是与方程式有关的一个或若干个数,指一元代数方程的解,特别是二次及二次以上方程的解,在其能得出数值解时常表示成根式,因而常称为根。

比较小学数学教材和《数学辞海》里关于"方程的解"的定义,我们又可以知道关于方程的解的多样性,比如方程的解还有一个名字叫做方程的根,只有在一元的数值方程中才可以"称呼"方程的解为方程的根。

《解方程教学研究

> **小贴士**
>
> 9世纪，阿尔·花拉子米（Al-Khwarizmi）把未知数称为 jidr（根），后译成拉丁文是 radix（根）。1248年，金代数学家李冶在其著作《测圆海镜》中，系统地介绍了天元术。用天元术列方程的方法是：首先"立天元一为某某"，就是现在的设未知数 x，然后依据问题的条件列出两个相等的天元式。这就是"元"的由来。

> **思考**
>
> 你所教的教材中是否明确定义了"方程的解"？如果是，你认为定义中的关键词有哪些？如果不是，你能试着分析一下原因吗？
>
> 你在教学中是怎样告诉学生什么是"方程的解"的？通过本段上位知识的学习你打算今后怎样改进关于"方程的解"的定义的教学？
>
> 你觉得应该设计怎样的练习让学生来区分"解方程"和"方程的解"这两个不同的概念？

1.1.3 方程的根式解

小学阶段的解方程基本上是等号右边为 0 而未知数在等号左边的含有一个未知数的一次方程。关于"元"和"次"到了七年级开始系统学习。"元"的相关知识在一元一次方程的教学内容里，"次"的相关知识在整式的教学内容里。"根"的相关知识最初出现在平方根的教学内容里，而根式指的是根号内含有字母的代数式。"方程的根"这个词最初出现在因式分解的简单应用里。浙教版（2004年）七年级下册第147页例2的解方程里第一次出现了"根"这个词，并在下面注释"只含有一个未知数的方程的解也叫做根"。该版教材八年级下册第24页这样介绍：能使一元二次方程两边相等的未知数的值叫一元二次方程的解（或根）。并在之后的练习题目里开始频繁使用"根"这个词。由此可以看出，根是和根式紧密联系的，是在解二次以及二次以上方程时，开平方或开立方得到。在解一元二次方程时通常需要开方求出 x 的值，这个值又通常以根式的形式出现，于是就又涉及一个新的概念，即根式解。

"根式解"也是方程的重要概念之一。一个代数方程的解，如果可以由这个方程的系数经过有限次加、减、乘、除以及开整数次方等运算表示出来，就称为这个方程的根式解。一、二、三、四次代数方程都有根式解，而五次以上的代数方程一般没有根式解。值得注意的一点是，这些方程的未知数只有一个，也就是说在一元方程的范围内我们有时可以把方程的根叫做方程的解。在多元方程里，不存在"根"的概念。如：$x=2$ 是方程 $x+3=5$ 的解，也可以说 $x=2$ 是方程 $x+3=5$ 的根，但是不能说 $x=2$，$y=3$ 是方程 $x+y=5$ 的根，因为 $x+y=5$ 是一个二元一次方程，没有"根"这个概念。只能说 $x=2$，$y=3$ 是方程 $x+y=5$ 的一个解。

如：方程 $x^6-3x^4+3x^2-3=0$

解：原方程可变形为 $x^6-3x^4+3x^2-1-2=0$，

即 $x^6-3x^4+3x^2-1=2$，

$(x^2-1)^3=2.$

令 $y=x^2-1$，有 $y^3=2$，$x^2=1+y.$

∴ $y=\sqrt[3]{2}$，∴ $x=\sqrt{1+\sqrt[3]{2}}$.

这个方程的根可以用根式表示，也就是根式可解的，那么这个解就是这个方程的根式解。

> **思考**
>
> 小学数学中会出现根式解吗？了解根式解的内容对你的教学有启示吗？
>
> 已知正方形的面积是 18 cm² 或者圆的面积是 18π cm²，你能求出正方形的边长或者圆的半径吗？
>
> 当一个数的平方不是完全平方数的时候，你会怎样告诉学生这个数可能是几？

1.1.4 方程的解与方程的根

我们知道一元一次方程的解和方程的根是相同的。这里通过对一元二次方程 $ax^2+bx+c=0$（$a\neq 0$）的解（根）的分类讨论，来说明方程的解与方程的根之间千丝万缕的联系以及难以分辨的区别。

第一，如果 $b^2-4ac>0$，那么方程的两个根为 $x=\dfrac{-b\pm\sqrt{b^2-4ac}}{2a}$，这两个根就是方程的解。此时方程有两个解。

如：方程 $2x^2-5x+3=0$

解：$\because a=2$，$b=-5$，$c=3$，$b^2-4ac=(-5)^2-4\times2\times3=1$，

$\therefore x=\dfrac{-(-5)\pm\sqrt{1}}{2\times2}=\dfrac{5\pm1}{4}$，

$\therefore x_1=\dfrac{5+1}{4}=\dfrac{3}{2}$，$x_2=\dfrac{5-1}{4}=1$.

我们就说方程 $2x^2-5x+3=0$ 的两个根是 $x_1=\dfrac{3}{2}$ 和 $x_2=1$，也可以说方程 $2x^2-5x+3=0$ 的两个解是 $x_1=\dfrac{3}{2}$ 和 $x_2=1$。

第二，如果 $b^2-4ac=0$，那么方程的根为两个相同的实数根，又叫做方程的二重根，这个二重根就是方程的解。此类方程有一个解。

如：方程 $4x^2+4x+1=0$

解：对方程 $4x^2+4x+1=0$，

$\because a=4$，$b=4$，$c=1$，$b^2-4ac=4^2-4\times4\times1=0$，

$\therefore x=\dfrac{-4\pm\sqrt{0}}{2\times4}=-\dfrac{1}{2}$，

$\therefore x_1=x_2=-\dfrac{1}{2}$.

我们就说方程 $4x^2+4x+1=0$ 的两个根是 $x_1=x_2=-\dfrac{1}{2}$，也可以说方程 $4x^2+4x+1=0$ 的解是 $x=-\dfrac{1}{2}$。在这里，方程的根和方程的解是不相同的。方程的根有两个，方程的解只有一个。

第三，如果 $b^2-4ac<0$，那么方程在实数范围内无解或无根，但是在

复数范围内总有相异二根或二重根。这两个共轭虚根为 $\frac{-b}{2a}+\frac{\sqrt{4ac-b^2}}{2a}i$ 和 $\frac{-b}{2a}-\frac{\sqrt{4ac-b^2}}{2a}i$。两根的实部都为 $\frac{-b}{2a}$，虚部的 $+\frac{\sqrt{4ac-b^2}}{2a}$ 和 $-\frac{\sqrt{4ac-b^2}}{2a}$ 互为相反数。

如：方程 $3x^2-4x+2=0$

解：对方程 $3x^2-4x+2=0$，

∵ $a=3$，$b=-4$，$c=2$，$b^2-4ac=(-4)^2-4\times3\times2=-8$，$4ac-b^2=8$，

∴ $x=\frac{-(-4)\pm\sqrt{8}}{2\times3}i=\frac{2\pm\sqrt{2}}{3}i$.

我们就说方程 $3x^2-4x+2=0$ 在实数范围内无根也无解，但在复数范围内有两个不同的共轭虚根，也是方程 $3x^2-4x+2=0$ 的虚数解。

通过对一元二次方程三种情况的分析不难发现，方程的解和方程的根虽然都是能够使方程左右两边相等的未知数的值，但是方程的根可以是重复的两个相同的数，而方程的解只能是不同的结果。

> **思考**
>
> 小学阶段没有"方程的根"这个词，初中阶段"方程的根"开始频繁出现，但没有详细说明。因此，即使到了初中，学生也一直以为"方程的解"和"方程的根"是一个意思。
>
> 你觉得"方程的根"可以在小学出现吗？以数学概念的形式直接呈现还是以数学文化的形式做一个简单介绍呢？

1.1.5 增根和失根

增根，亦称客解、增解，是解分式方程或无理方程等时所涉及的一个概念。方程（组）变形后，若所得新方程（组）的解不适合原方程（组），则称这种解为原方程（组）的增解。

如：方程 $\dfrac{1}{x+2}+\dfrac{2}{x+1}=\dfrac{2}{x^2+3x+2}$

解：方程两边同时乘 x^2+3x+2，得 $x+1+2x+4=2$.

化简，得 $3x=-3$，

解得 $x=-1$.

上面的解法，每一步都有理有据，然而 $x=-1$ 真的是原方程 $\dfrac{1}{x+2}+\dfrac{2}{x+1}=\dfrac{2}{x^2+3x+2}$ 的根吗？把 $x=-1$ 代入原方程，我们看到，其中一个分母 $x+1=0$，分式没有意义。因此，$x=-1$ 不是原方程的根，原方程无解。而这个使分母为零的根叫做增根，增根应该舍去。

失根，亦称失解、遗解、遗根。方程（组）变形后，若原方程（组）的解未包含在新方程（组）的解中，则称这种解为原方程（组）的失解。

如：方程 $(x-1)(x+2)=(2x+3)(x-1)$

解：方程两边同时除以 $(x-1)$，得 $x+2=2x+3$，

解得 $x=-1$.

这道题目简单易解，解题过程也有理有据。可是仔细观察原方程，就会很快发现 $x=1$ 也是原方程的根。这个根在解方程的过程中丢失了，我们把它叫做失根。失根是原方程的解。

为什么我们按部就班根据定理和法则求出来的根不是方程的解？怎样才能知道我们求出来的值到底是不是方程的解呢？

验根，顾名思义，就是检验方程的根是否是原方程的解，有无增根或失根。把求得的方程的解代入原方程进行验算，舍去增根；或通过考察解方程的各步变形，找出失解原因并补回失解。

增根一般在去分母或两边平方去根号时产生，只要检验，就容易把增根排除。检验增根的方法是考察所求得的解是否属于原方程未知数的允许值范围，如果所求得的解不属于允许值范围，则是增根，如果属于允许值范围，但经检验不适合原方程，也是增根。

失根一般在两边同时除以某个式子或两边开方等操作时漏掉。检验失根的方法是考察方程变形的每一步是否为同解变形,并确定缩小方程未知数允许值范围的具体原因,进而找回失根。

通过验根,我们可以找到增根和失根。增根不是根,当然就不是解,要舍去;失根是丢了的根,当然也是解,要补回来。

著名的物理学家狄拉克利用相对论、量子力学寻找粒子的能量时,他发现某个粒子的能量和其动量紧密相关,即 $E^2=p^2+m^2$(p 为动量,m 为粒子的质量),解得 $E=\pm\sqrt{p^2+m^2}$。很显然,在正、负两个根中我们肯定想保留正根,因为我们知道能量不会是负值。但数学家们告诉狄拉克,你不能忽略负值,因为数学告诉我们有两个根,你不能随便丢掉。后来事实证明,第二个根,也就是为负的那个根,正是理论的关键:世界上既有粒子,也有反粒子。负能量就是用来解释反粒子。

由这个小故事我们可以得到一点小小的启示,很多时候科学研究不是我们想当然的那样。有正有负,正负相吸,才成就了我们精彩的世界。

> **思考**
>
> 验根在小学阶段的解方程教学中称之为"检验"。你在教学中对检验这个环节是怎样进行教学的?
>
> 你觉得应该怎样培养学生检验的习惯?

1.2 解方程的发展史
1.2.1 中国古代的方程解法

公元 1 世纪,中国古代《九章算术》第八章"方程"中已研究了线性方程组的解法,第九章"勾股"中已有一元二次方程的解法。公元 11 世纪到 14 世纪的宋元时期,涌现出许多杰出的数学家和数学著作。在世界范围内,宋元时期的数学也几乎是与阿拉伯数学一道居于领先地位的。

表 1-1 中国古代方程解法一览表

解法名称	出处	年代	方程类型	研究者
遍乘直除法	《九章算术·方程》	约公元 263 年	线性方程组解法	刘徽
增乘开方法	《黄帝九章算法细草》	约公元 1050 年	高次方程的数值解法	贾宪
正负开方术	《数书九章》	公元 1247 年	高次方程的数值解法	秦九韶
天元术	《测圆海镜》	公元 1248 年	一元高次方程	李冶
四元术	《四元玉鉴》	公元 1303 年	四元高次联立方程	朱世杰

> **思考**
>
> 你还知道中国古代解方程领域中其他的数学家吗?
>
> 你觉得古代的这些解方程的辉煌成就除了作为"你知道吗"介绍给学生以外,还可以以怎样的方式和学生见面呢?

1.2.2 国外解方程的历史过程

国外的解方程历史可以追溯到公元前 2000 年左右。从下表中可以看出在阿尔·花拉子米(Al-Khwarizmi)找到求解二次方程的代数方法以前,解决此类问题的唯一方法就是用几何或者图像。直到丢番图(Diophantus)时代,人们才认识到代数方法比几何的演绎陈述更适于解决问题。之后,数学家们在用根式求方程解的路上一直探索,但寻求五次及以上方程的根式解均告失败,直到 19 世纪中叶才得到否定的解答。1828 年后的两年内,伽罗瓦(Galois)彻底解决了用根式解代数方程可解性的判定问题,他还注意到根的置换群的性质与代数方程的关系,发现了伽罗瓦群。此后,他又极其巧妙地应用置换群这一工具,证明了系数为复数的一般代数方程 $a_0x^n+a_1x^{n-1}+\cdots+a_{n-1}x+a_n=0(a_0 \neq 0)$,当 $n \geq 5$ 时,不能用根式求解。这样就彻底解决了这个 200 多年里使数学家们伤透脑筋的问题。此后,代数学的主流进入了利用群论方法进行研究的时代。

表1-2 国外解方程历史发展一览表

国家	出处	年代	方程类型	方程的解	解法	研究者
古埃及	纸草书	公元前2000年	$x+\dfrac{x}{7}=24$		试位法	
古巴比伦	泥板文	公元前2000年	$x+\dfrac{1}{x}=b$	$\dfrac{b}{2}+\sqrt{\left(\dfrac{b}{2}\right)^2-1}$ $\dfrac{b}{2}-\sqrt{\left(\dfrac{b}{2}\right)^2-1}$		
古希腊	《算术》	约公元246—330年	$\begin{cases}x+a=y^2\\x+b=z^2\end{cases}$	$x=\dfrac{97}{64}$	利用公式 $x^2-y^2=(x-y)(x+y)$	丢番图
印度	《婆罗摩修正体系》	628年	$ax^2+bx=c$	$\dfrac{\sqrt{4ac+b^2}-b}{2a}$	配方法	婆罗摩笈多
阿拉伯	《代数学》	约公元780—850年	$x^2+21=10x$	选取10的一半是5，5自乘得到25，从25中减去21，得到4，4的平方根是2，从5中减去2余下3，3是9这个平方的一个根	演算与论证并举	阿尔·花拉子米
波斯	《代数问题的证明》	1070年	三次方程	画出两种不同类型圆锥曲线的图像，然后找到它们交点的x值	几何、图像法	奥马·海亚姆
印度	《历算书》	1150年	$\begin{cases}x^3+y^3=m^2\\x^2+y^2=n^3\end{cases}$	$x=625$，$y=1250$	假设法	婆什伽罗
意大利	《大衍术》（《大法》）	1540年	四次方程		费拉里方法	费拉里
意大利	《大衍术》	1545年	任意三次方程	减根变换，消去二次项化为形如$x^3+px=q$的形式	卡尔达诺公式	卡尔达诺
意大利	《代数学》	1572年	三次方程	代数解	引入虚数	邦别利

（续表）

国家	出处	年代	方程类型	方程的解	解法	研究者
法国	《分析方法引论》	1593年	二次、三次和四次方程	$x_1+x_2=-\dfrac{b}{a}$ $x_1 \cdot x_2=\dfrac{c}{a}$	韦达定理	韦达
	丢番图《算术》拉丁文译本第11卷第8命题	1637年	当整数$n>2$，关于x, y, z的方程$x^n+y^n=z^n$没有正整数解		费马大定理	费马
	《关于方程的代数解法的思考》	1766—1776年	三、四次方程	方程根的对称作用	把方程化为低一次的方程（称辅助方程或预解式）以求解	拉格朗日
瑞士	《微分学原理》	18世纪中叶	微分方程		欧拉折线法	欧拉

> **思考**
>
> 对比中国与国外解方程的历史，我们会发现一个奇怪的现象，中国古代解方程起点高、落点低，到了宋元之后，基本上很少有世界影响力的数学家出现，为什么？
>
> 表1-1和表1-2只是呈现了解方程发展史上那些有所成就的数学家的成果。这期间，有多少数学家默默无闻地做了多少的计算与推理啊！每一个方法的背后，每一个名字的背后，都有一个美丽动人的故事。你可以试着了解其中的一位哦！

1.3 解方程的原理
1.3.1 方程的同解定理

方程的同解定理是指方程在保持同解性的前提下，所允许进行变形的一些结论。《数学辞海》中列举了几个常用的同解定理：

①传递定理。如果方程Ⅰ与方程Ⅱ同解，方程Ⅱ与方程Ⅲ同解，那么方程Ⅰ与方程Ⅲ同解。

②添项定理。如果$h(x)$对方程$f(x)=g(x)$的未知数的一切可能值都有意义，那么方程$f(x)=g(x)$与方程$f(x)+h(x)=g(x)+h(x)$同解。这个定理是方程的第一个基本性质，是移项的依据。

③遍乘定理。如果$h(x)\neq 0$，且$h(x)$对方程$f(x)=g(x)$的未知数的一切可能值都有意义，那么方程$f(x)=g(x)$与方程$f(x)\cdot h(x)=g(x)\cdot h(x)$同解。这个定理是方程的第二个基本性质，是解方程时"移乘作除"或"移除作乘"的依据。

④恒等变形定理。如果$f(x)=h(x)$，$g(x)=k(x)$，且方程$f(x)=g(x)$与$h(x)=k(x)$中的未知数x有相同的取值范围，那么这两个方程同解。

⑤方程分裂定理。方程$f_1(x)\cdot f_2(x)\cdot\cdots\cdot f_n(x)=0$的解集是$n$个方程$f_1(x)=0$，$f_2(x)=0$，$\cdots$，$f_n(x)=0$中每个方程解集的并集。运用这个定理解方程不会产生增根或失根。

⑥乘方定理。如果方程$f(x)=g(x)$，且m为自然数，则方程$[f(x)]^m=[g(x)]^m$是方程$f(x)=g(x)$的结果，也就是前一方程的解集是后一方程解集的子集。此定理常用于解无理方程或指数方程。运用这个定理进行方程变形，在m不是奇数且不能判定$f(x)$和$g(x)$的正负时，都必须验根。

⑦换元定理。$F[\phi(x)]=0$和方程组$\{u=\phi(x)$，$F(u)=0\}$同解。

方程的同解定理可以保证解方程过程中的每一步变形都在同解的前提下进行。如果哪一步变形出现了不同的解，就会出现类似增根、失根等复杂的情况，就需要进行验根。

> **思考**
> 以上几个同解变形的定理，你会用我们小学阶段的例子来说明吗？
> 哪几个定理和小学阶段的解方程依据联系比较紧密？
> 你能在以上的同解定理中找到小学阶段的等式基本性质吗？

1.3.2 同解变形与恒等变形

$2x+3x+4x=(2+3+4)x$，是一个恒等式。$4x+5x=9x$，也是一个恒等式。根据上述恒等变形的定理，如果 $2x+3x+4x=4x+5x$ 和 $(2+3+4)x=9x$ 中的未知数 x 有相同的取值范围，那么这两个方程同解。也就是说，如果 $2x+3x+4x=4x+5x$ 和 $(2+3+4)x=9x$ 中的未知数 x 的取值范围不同，那么这两个方程不同解。

如：方程 $2x+3x+4x=27$

解：合并同类项，得 $(2+3+4)x=27$，

$$9x=27.$$

从这个解方程的过程来看，方程左边的变形其实就是遵循了恒等变形的定理，如果方程左边不能保证恒等变形，那么解方程的每一步就无法保证同解。可以说，恒等变形是同解变形的一种，它们并不矛盾。

> **思考**
> 解方程中的变形还有哪些？你能举例说明吗？比如移项、合并同类项、系数化为1、去分母等，这些变形各自符合哪一个同解定理呢？

1.4 上位数学知识对教学的启示
1.4.1 解方程过程与检验过程之间的联系

从上位知识的相关概念中，我们知道了解方程其实是一个很复杂的过程。尽管小学阶段的解方程题目很简单，尤其是简单的解方程题目可以"一眼看到底"，甚至用算术方法比用方程更简便、更快捷，但是我们依然要用上位的知识来指导我们小学阶段的解方程教学。看到的不仅仅是眼前的一棵树，还要看到这棵树周围的一片林。

一个解方程完整的过程应该包括写"解"字、写依据、写解的过程、写检验的过程、写检验的结果、写方程的解。解方程的过程和检验的过程是相辅相成的，没有解的过程无法得到方程的解，没有检验的过程无法判断方程的解是否正确。这两个过程是相反的，我们要从正反两方面证明方程的解的正确性。这种从相反方向出发思考问题的方法是解方程教学中自带的"功能"。作为教师，对两个过程要一视同仁，不能厚此薄彼，等学

到高等代数的时候,我们就会发现,有时检验的过程比解的过程还要重要,那些增根、失根都是需要通过检验得出的。所以教师在初教解方程的时候,就要有意地增加一些检验的教学环节。

1.4.2 解方程的格式要求

> **思考**
> 你是否觉得解方程的书写格式太麻烦,远不如算术式子简洁?你是否认为解方程可以不用统一格式,或者你是否认为解方程的格式必须统一到每一步,不得有半点"偷懒"呢?

众所周知,解方程有自己的一套格式规范。初中和高中的数学教师对解方程的格式格外重视。有些初中数学教师甚至抱怨小学数学教师在教解方程时没有很好地规范学生的书写格式,导致初中阶段深入学习解方程时,学生的格式需要反复不停地强调。

因为小学阶段的解方程题目太简单,教师和学生基本上都忽略了解方程的过程,更忽略了检验的过程。很多小学数学教师直接把解方程当作四则计算进行教学,突出了解方程的计算技能,而忽略了它作为等式的代数功能;很多小学数学教师对解方程的格式要求比较宽容,认为只要结果正确就可以了。还有一部分教师小心翼翼,紧跟教材,书上有的每一步都不允许学生省略,必须都要写上去。在这样的要求下,学生亦步亦趋,不敢"越雷池半步",久而久之,形成习惯,给初中解复杂方程的过程带来不必要的麻烦。

上位知识告诉我们,解方程不仅是一项技能,更是一种灵活运用各种定理求解问题的思维方式。作为技能,我们可以要求学生做到规范,比如开头写"解"、等号对齐等,还可以允许学生在呈现出自己思维过程的同时适当省略一些烦琐的步骤,以达到灵活解题的目的。

> **思考**
> 你觉得检验有必要吗?小学阶段是否可以不重视对解方程结果的检验呢?

1.4.3 四则运算中各部分之间的关系与等式的基本性质是否可以建立联系

通过阅读上位知识,我们已经知道了解方程的同解定理。在小学阶段,我们通常是以四则运算之间的关系或者等式的基本性质为依据来解方程的。当一线小学数学教师还在为用哪一个作为解方程的依据而纠结时,七年级数学教师已经开始教授大量的代数知识了,那些以"迅雷不及掩耳之势"来临的复杂方程,不知要比六年级的解方程多多少步骤。

我们知道,在五年级(有的版本是四年级)学习用字母表示数之前,学生解决"2+( )=5""( )-30=60"这类问题时,一般是用四则运算之间的关系进行推算的。从一年级开始,这种以填括号的形式出现的解方程的雏形便随处可见了。每每遇到这种题目,学生总会错误百出。只有不停地强化训练,直到学生在不断的试错中找到四则运算中的各部分关系,并能够快速填空为止。到了真正学习解方程的时候,这种经过反复验证的熟练方法突然不能用来解方程了,想一想,这对学生来说就是一个惯性思维突遇刹车的感觉。

那么四则运算中各部分之间的关系和等式的基本性质到底有没有关系呢?是否就是那种"各自为政"的关系呢?能不能找到一个联结点,帮助学生顺利地从利用四则运算各部分之间的关系过渡到利用等式的基本性质呢?其实这个目标是可以通过观察、比较、归纳、总结来实现的。

> **思考**
>
> 目前小学阶段解方程的依据是等式的基本性质,曾经有很长一段时间,解方程的依据是四则运算。你觉得哪一种更适合小学五、六年级的学生?
>
> 想一想,如果让你设计一节解方程的课,你会设计哪些教学环节,建立四则运算中各部分之间的关系与等式基本性质的联系呢?

1.4.4 在解方程教学中体会变与不变

在解方程的过程中,变形是它的本质。我们就是运用同解定理,不断地把一个看似复杂的方程进行变形,最终变为"$x=(\ \ )$"的最简形式。那么,在解方程的步骤中，变化的是它的形式，不变的是它的解。一切变形都要在保证同解的前提下进行。不论是去分母，还是去括号；不论是移项，还是合并同类项，每一步的变化都要遵循一个道理，那就是保持解的不变性。如果哪一步违背了这一原理，就要进行细致的验根工作了。因此，在解方程的步骤中，每变形一次，都要问自己，这一步变了什么？什么没变？一步一问，一步一思，在变与不变中化繁为简，求出方程的解。

- 思考
  ① 你觉得解方程的步骤中，什么在变，什么不变？
  ② 你能举个解方程的例子来说明变与不变的道理吗？

2 课程标准（教学大纲）比较研究与启示

进入 21 世纪，世界各国的课程改革如火如荼。我国 2001 年开始实施的《全日制义务教育数学课程标准（实验稿）》拉开了数学课程改革的帷幕。2012 年 1 月，我国教育部又颁发了《义务教育数学课程标准（2011 年版）》。英国教育部于 2012 年 6 月公布了《数学国家课程 K1 & K2（草案）》（小学阶段数学课程标准）。美国 2010 年由全美州长协会与美国各州首席学校官员理事会联合推出了《统一核心州数学标准》。从课程标准的颁布可以看出，各国对数学教育的重视程度正日益加强。

纵观我国 20 世纪以来颁布并实施的课程标准（教学大纲），从 1902 年的《钦定蒙学堂章程》，到 1963 年的《全日制小学算术教学大纲（草案）》；从 1978 年的《全日制十年制学校小学数学教学大纲（试行草案）》，到 2000 年的《九年义务教育全日制小学数学教学大纲(试用修订版)》。历经百年沧桑，改变的不仅仅是从"算术"到"数学"的名称，更是从算术到代数的思维方式。

> **思考**
> 你觉得纵向比较我国的课程标准与横向比较部分国家的课程标准，哪一个对你的教学更有启发呢？

2.1 我国课程标准（教学大纲）中解方程教学内容要求的纵向比较

2.1.1 解方程在课程标准中的首次提出

为了更多地了解解方程的教学历史，本书梳理了我国从 1902 年版到

2 课程标准(教学大纲)比较研究与启示

2011年版小学数学课程标准(教学大纲)中对解方程这一教学内容的相关要求,从中也感悟到方程教学在我国小学阶段"欲罢不能""欲说还休"的两难境地。

我国小学阶段引入解方程教学是在20世纪70年代末。1978年,那是改革开放开始的年份。在这之前,最后一版教学大纲是1963年的《全日制小学算术教学大纲(草案)》。时隔15年出台的教学大纲不仅在名称上发生了变化,从"算术"走向了"数学",而且在内容上更多地引进了代数和几何的相关知识。这一改变也体现了当时改革开放与世界接轨的时代趋势。

2.1.2 解方程的教学内容和教学要求变化

目前为止,我国最近的一部课程标准是《义务教育数学课程标准(2011年版)》。随着全球化数学教学的相通相融,随着世界经济的迅猛发展,或许在本书出版之前还会有新的课程标准颁布实施。笔者对近40年来颁布的7个课程标准(教学大纲)进行了梳理(见下表),希望从中能够显示出时代发展进步给数学教学带来的变化。

表2-1 历次课程标准对解方程教学内容的确定

年份	名称	教学内容和教学要求	分析
1978年	全日制十年制学校小学数学教学大纲(试行草案)	一至四年级第一学期用算术方法解答应用题,四年级第二学期开始讲授列方程解应用题,并且训练学生根据应用题的不同特点,选择合理的简易的解答方法	解方程的教学与应用题的教学紧密结合,不可分割
1986年	全日制小学数学教学大纲	应用题也适当划分阶段,低中年级主要教学算术方法解答应用题,高年级开始教学列方程解应用题,并且训练学生根据应用题的特点,选择合理的简便的解答方法	解方程为应用题服务

(续表)

年份	名称	教学内容和教学要求	分析
1988年	九年义务教育全日制小学数学教学大纲（初审稿）	让学生学一些用字母表示数和简易方程，有利于培养抽象概括能力，也可以为进一步学习中学数学做一些必要的准备。简易方程的内容只讲到 $ax\pm b=c$，$ax\pm bx=c$，不讲等式的基本性质和移项法则	开始有了自己的"小天地"，从应用题中分离出来。但是明确规定不讲等式的基本性质
1992年	九年义务教育全日制小学数学教学大纲（试用）	内容同1988年的《九年义务教育全日制小学数学教学大纲（初审稿）》相同	
2000年	九年义务教育全日制小学数学教学大纲（试用修订版）	用算术方法解"反叙"应用题只作为思考题。学一些字母表示数和简易方程，有利于培养抽象概括能力，也可以为进一步学习中学数学做一些必要的准备。简易方程只讲到 $ax\pm b=c$，$ax\pm bx=c$	对如何解方程没有明确的规定，没有规定等式的基本性质讲还是不讲，模棱两可
2001年	全日制义务教育数学课程标准（实验稿）	理解等式的性质，会用等式的性质解简单的方程（如 $3x+2=5$，$2x-x=3$）	首次提出用等式的性质解方程，并给出了解方程的简单类型
2012年	义务教育数学课程标准（2011年版）	了解等式的性质，能用等式的性质解简单的方程	等式的性质从"理解"变为"了解"，运用其解方程从"会"变为"能"

2.1.3 解方程依据发生的变化

从上表的对比中，我们不难发现，解方程的教学从一开始的依附于应用题，到现在的"自立门户"，很大程度上是因为解方程的依据发生了"翻天覆地"的变化。从1978年版的解方程解应用题到2001年版的用等式性质解方程，我们看到了解方程的教学要求不仅在形式上要求有未知数的参与，而且在本质上越来越接近方程等价关系和结构关系。

2001年以前，一线小学数学教师的解方程教学"不讲等式的基本性质和移项法则",2001年开始提倡"会用等式的性质解简单的方程"。等式性质的"闯入",给小学阶段的解方程教学带来了强烈的冲击,至今余波未了。而等式性质的"加盟"是否意味着四则运算各部分关系的"退出"?

四则运算各部分之间的关系从一年级开始进行教学,历经四年的反复学习和强化,学生对它已经耳熟能详,运用自如了。而且四则运算各部分之间的关系曾经是一线小学数学教师训练学生思维灵活性的一个典型素材,经过训练的学生对四则运算各部分之间的关系有了很强的敏感度,甚至可以说形成了条件反射,用它来解方程可谓水到渠成。这也说明了在等式的性质"来到"之前,解方程的教学一直"相安无事"的原因。新版课标明确提出了等式的性质,相应教材发生了改变,一线教师措手不及。等式的性质仿佛一个不速之客,引起了解方程教学的"轩然大波",还带来了学生算术思维与代数思维的碰撞,相信还会引起整个小学数学教材体系的调整变化。因为代数思维从来不是一下子进入教学中的,除非学生已经有了足够的判断、迁移、自学能力。

> **思考**
> 你觉得解方程属于计算教学还是解决问题教学?在课程改革大潮中,计算教学纷纷融入解决问题教学当中,为什么提倡解方程的计算要单独进行教学呢?

2.2 我国解方程教学内容要求纵向比较的启示

2.2.1 代数思维

《数学辞海》中对代数是这样定义的:代数学,简称代数,数学中用以研究数的关系、性质和运算法则的分支学科。书中介绍,"代数"这一术语来源于公元9世纪,阿尔·花拉子米的论著《移项和消去的科学》,这本书的原名是由"复原"(al-jabr)和"对消"(wál-muqābala)两词组合而成的,在传抄过程中al-jabr后来演变成algebra,这就是拉丁文的"代数学"。

思维是心理学范畴中的一个名词，通常解释为"人脑借助于语言对客观事物的概括和间接的反应过程"。思维的主体是人的大脑，思维的载体是语言，思维的客体是客观事物，思维的过程是概括和反应。

代数思维是一个数学与心理学范畴整合的概念。南京师范大学课程与教学研究所徐文彬教授在《如何在算术教学中也教授代数思维》一文中对代数思维是这样说明的：代数离不开字母。也就是说，如果没有"字母代数"，也就不会、更不可能产生代数这一数学分支。但是，代数思维却未必需要"字母"，因为代数思维的核心是"分析之后的概括"，而非字母本身。譬如，在《几何原本》中，欧几里得就使用了字母，但却没有代数观念的运用；而在《九章算术》中，中国人早就运用了代数的观念来求解方程，但却没有使用字母。

笔者认为，代数思维是人脑借助数的语言对数的关系、性质和运算法则分析之后概括的思维过程。它不一定依赖于字母表示数，是一种关系的思维方式。

2.2.2 代数思维和算术思维的本质区别

数学家科姆特指出："算术是函数赋值的科学，而代数是函数变换的科学。"张奠宙先生在他的《数学文化教程》中写道，"打一个比方：如果将要求的答案比喻为在河对岸的一块宝石，那么算术方法好像摸石头过河，从我们知道的岸边开始，一步一步摸索着接近要求的目标。而代数方法却不同，好像是将一根带钩的绳子甩过河，钩住对岸的未知数（建立了一种关系），然后利用这个绳子（关系）慢慢拉过来，最终获得这块宝石。两者的思维方向相反，但结果相同"。这个比喻非常形象地说明了两种思维的异同点。虽然思维方式不同，但殊途同归。下表是笔者对两种思维方式的具体比较。

2 课程标准（教学大纲）比较研究与启示

表 2-2 算术思维与代数思维的比较

比较维度	算术思维	代数思维
产生背景	与数同时产生。把数和数的性质，数和数的运算等方面的经验累积起来并加以整理	在算术的基础上产生。在算术中寻找更为普遍的方法来解决同类问题
运算种类	加、减、乘、除四种运算	加、减、乘、除、乘方、开方、指数、对数八种运算
研究对象	计算的方法，即数的性质及其运算	以符号代替数字进行运算，即数字和符号的运算
运算特点	针对已知的数量进行操作，每个数代表确定的意义	在具体运算中不管符号代表什么未知量、具备什么特征
思维特点	特殊化思维方式，即针对特定情境中的具体问题进行具体分析，常常借助假设增加辅助信息，逆向解决问题	一般化思维方式，即脱离具体情境，概括问题的一般化特征，再用符号表达出来，一般顺向解决问题
关注重点	解决问题的程序，即解决问题的具体方法和策略，怎样一步一步地解决问题，得到最终答案	问题的结构，即从问题中抽象出来的结构关系式，并对该关系式进行形式化操作
解方程例	解：$15-x=8$ $x=15-8$ $x=7$ 根据"减数＝被减数－差"，一步就可以得到	解：$15-x=8$ $15-x+x=8+x$ $15=8+x$ $8+x=15$ $8+x-8=15-8$ $x=7$ 根据等式的性质要四步才能得到
利弊分析	具体直观，符合儿童的思维特点。方法非常灵活，一个问题往往有多种解决方法，比较有利于培养儿童灵活的分析和解决问题的能力	抽象的符号推演，比较枯燥。套用一个模式，寻找等量关系—列方程—解方程，虽然能解决问题，但不利于灵活思考

思考

通过阅读以上的分析，你对算术思维和代数思维的本质是否有了一定的了解？再教学解方程这一内容时，如何多一点代数思维，少一点算术思维呢？

2.3　中外最新课程标准中对解方程教学内容要求的横向比较
2.3.1　部分国家对解方程的教学内容要求

限于时空条件，我们无法真正进行一次美妙的环球工作之旅，实地考察各个国家关于小学数学课程标准的研发过程及实施情况，而是间接地通过查阅相关文献资料进行"跨越"。在文献检索的过程中，笔者找到一份专门研究各国小学数学课程标准与我国进行比较的硕士论文资料，如获至宝。这十篇硕士论文的指导老师都是扬州大学的刘久成教授，论文完成的时间在2013—2015年，具有较强的时效性。

表2-3　硕士论文中部分国家数学课程标准对解方程的教学要求

国家名称	课程标准名称	具体要求	硕士论文题目	作者
澳大利亚	2010年《澳大利亚课程标准》	无	中澳小学数学课程标准比较研究	高雅
南非	2012年1月颁布的《课程与评估政策声明》	无	中国和南非小学数学课程标准比较研究	黄燕
英国	2012年6月《数学国家课程K1&K2（草案）》（小学阶段数学课程标准）	无	中英小学数学课程标准比较研究	束君
日本	2008年版《小学数学指导要领》	无	中日现行小学数学课程标准比较研究	汤飞燕
美国	2010年《共同核心州数学标准》	无	中美小学阶段数学课程标准比较研究	张雨薇
荷兰	2003年版课程标准	无	中荷小学数学课程标准比较研究	吴一枝
韩国	2011年《数学教学课程》	无	中韩现行小学数学课程标准比较研究	宋丽瑾
新加坡	《小学数学教学大纲》（2006年由新加坡教育部制定，2007年使用）	无	中国和新加坡小学数学课程标准比较研究	史雪萍

（续表）

国家名称	课程标准名称	具体要求	硕士论文题目	作者
印度	2006 年版《基础教育数学教学大纲》	六至八年级解决一个变量的简单的线性方程	中印小学数学课程标准比较研究	朱灵媛
加拿大	2005 年加拿大安大略省颁布的《年级数学课程标准》	六年级解方程	中加小学数学课程标准比较研究——以安大略省为例	何佳

2.3.2 中外最新课程标准对解方程教学内容要求的不同

研读了十几篇硕士论文，从"数与代数"的比较领域中寻找与解方程相关的研究内容，笔者发现几乎很少有在小学阶段解方程的教学内容。除了印度和加拿大把解方程的内容放在六年级之外，其他国家都无相关内容的要求。相反，多数国家把代数思维的渗透作为课程内容的一部分贯穿整个小学阶段的数学教学。

如《澳大利亚课程标准》在小学阶段将"数与代数"分成了"数与位值""分数与小数""货币与金融数学""模式与代数"四个内容，在每个年级段都做出了详细的目标叙述。"模式与代数"是数与代数的结合，以数字模式为主线开展整数模式、分数模式和小数模式的学习和创建，其中理解模式、用模式表征和理解数量关系是此部分的关键。这样编排的优点是有利于"数与代数"教学内容的深入与细化，且将两个部分紧密联系。"模式与代数"内容较少、难度较小，从四年级开始涉及方程的知识，重在找寻未知量、建立等价的数量关系。注重模式的建构和表征是它的突出特点。

又如《美国学校数学教育的原则和标准》在学前期至十二年级学校数学教育的标准中，每个学段都有"代数"这部分内容。提倡把代数看作是从学前教育开始的课程内容，要求教师能帮助学生牢固建立理解和体验代数的基础，为初中和高中学习更复杂的代数做准备。这一标准中没有明确提及方程的概念，只是列举出例如 $8×?=48$，$5=?÷3$ 等例子来渗透方程的概念。注重描述关系和规则,注重用模型表征问题,是它的特点。

我国课标中明确提出用等式的性质解方程,模型的建立还有待加强。因为在五年级或者四年级引入等式性质解方程之前,学生接触的基本上都是算术的思维模式,对等式模式的认识还非常欠缺,对等号的代数意义的理解也基本上处于非常模糊的层面。事实上,培养学生的相等观点应是整个课程的重点。

思考

比较我国和其他国家小学数学课程标准中对解方程内容的教学要求,你觉得作为一线教师,在日常教学中需要怎么做才能让解方程教学更加水到渠成呢?

2.4 中外最新课程标准教学内容要求横向比较的启示
2.4.1 低年级教学中对等号代数意义的渗透

借鉴国外课程标准,在解方程教学之前,让学生充分感知模型思想,积累丰富的关系经验,在最大范围内扫除学生解方程中的思想障碍和技术障碍。所谓"思想障碍",是指对于解方程过程中等式性质的运用不够主动;所谓"技术障碍",是指对于解方程过程中等式性质的运用不够熟练。这两大障碍,很大程度上来自学生对于等号算术意义和代数意义的理解不到位。

等号的算术意义,表示一个计算的结果;等号的代数意义,表示一种相等的关系。那么,如何在一年级的数学教学中就开始进行等号代数意义的渗透呢?

老师们在一年级的教学过程中,是否会发现,遇到类似5=□+□这类问题的时候,很多学生无从下手,会填成 5=5+□,后面这个□就空着。还有一种情况就是,4+3=□-□,第一个方框他会填 7,□就不管了。究其原因,是学生对等号的理解局限在计算的结果上。可见,这个时候教师是可以有针对性地进行等号代数意义的渗透的。我们可以利用玩具天平,让学生初步感知两边相等就可以用等号来连接的这个事实,然后在充分活动中创造不同的等式，如 2=2，2+1=3，3=7-4，6+2=5+3，7-4=8-5，等等。在日常的教学中，允许学生把得数写在等号的左边，不禁锢学生的思维，让相等的代数意义和结果的算术意义完美地结合在一起。尽量少给学生规定等号的位置，在结果与相等之间架起一座桥梁，让学生顺利建构等式的"模样"，并能灵活运用。

> **思考**
> 算术思维和代数思维，虽然是两种不同的思维方式，但是仍然可以你中有我，我中有你。那么，在算术思维中如何渗透代数思维呢？

2.4.2　在算术思维中渗透代数思维

南京师范大学的徐文彬教授曾经提出一个"准变量及其思维"的观点，认为在算术教学中同样可以教授代数思维，但不是代数。他认为"算术的程序思维"与"代数的关系思维"之间需要中介过渡，而"准变量思维"就是这个中介。

我国课标中，在第一学段，主要是通过"探索规律"这部分内容来实现模型思想的初步感悟。但是由于探索规律的教学内容大多安排在数学广角里，没有和其他知识单元放在一起，课标中对探索规律也没有明确提出模型思想的要求，这给一线教师造成的错觉就是这部分内容可教可不教，有的一线教师干脆直接当思维训练题目处理了。其实不光是探索规律，在人教版一年级教材中，很多练习题目都渗透着变与不变的代数思维，如 5 以内的加法表，10 以内的加法表，20 以内的加法及退位减法表，百数图表，等等。

其实，有时我们缺的不是素材而是思想，不是题目的灵活度而是思维的连贯性。教材中不乏承载着模型思想的题目，需要我们的课标再明确、明晰一些，让一线教师在操作时有方向可循，真正实现在算术思维中渗透代数思维的设想。

3　相关教育教学理论的研究与启示

教育教学理论其实是一个复杂的庞大的系统。它包括教育学、心理学、课程论、教学论等分支，每一个分支又都自成体系。想在短短的篇幅里说明这些理论是不切实际的。笔者从纷繁的理论中选取了和解方程这一内容相关的教育教学理论进行阐述，并力求在理论分析的基础上结合具体的教学实际进行论述。毕竟，让理论落地才是我们一课研究的宗旨。

虽然教育理论包含了教学理论，但是它们的内涵和外延却有着本质的区别。为了进一步区分，笔者把它们分成了两部分，每一部分分别选择了具有代表性的两种观点。在教育理论方面，重点说明个体身心发展的差异性和学习动机理论。这两种观点既有区别又有联系，学习动机直接影响着个体身心发展的均衡性和系统性，反过来，个体的差异性又决定着每个不同个体的学习兴趣和学习效果。在教学理论方面，重点说明两种教学设计理论，一种是加涅的以"为学习设计教学"为核心的教学设计理论，一种是马杰的以"教学目标的确定"为核心的教学设计理论。笔者认为这两种教学设计理论分别代表了两种不同的教学设计观念，即学生中心设计观和教师中心设计观。

> **思考**
>
> 你觉得教学设计应该以学生为中心还是以教师为中心？抑或是二者兼顾，平均用力？你在进行教学设计时有相关的教育教学理论做支撑吗？请举例说明。

3 相关教育教学理论的研究与启示

3.1 相关的教育理论研究

3.1.1 个体身心发展的差异性对解方程教学的影响

个体身心发展是指人的各方面的潜在力量不断转化为现实个性的过程。个体身心发展在整体上具有一定的顺序，瑞士心理学家皮亚杰关于发生认识论的研究揭示了个体认知发展的一般规律，即按照感知运算水平、前运算水平、具体运算水平、形式运算水平顺序发展的特征。

目前我国不同版本的解方程教学内容大都安排在小学四、五年级。学生正处于从具体运算阶段到形式运算阶段的过渡时期，他们已经开始在头脑中把形式和内容分开，思维超出所感知的具体事物或形象，从而逐步进行抽象的逻辑思维和命题运算。此时学生学习解方程已经具备了一定的认知基础。

皮亚杰的认知发展理论虽然具有普遍的推广意义，但是相对于每一个不同个体来说，差异性还是很大的，因为个体身心发展的水平受到多种因素的影响，比如性别、遗传、环境、个人努力程度等。其中环境为个体的发展提供了多种可能，包括机遇、条件和对象，我们的课堂就是一个小环境。处在同一个小环境中的个体，其发展水平也不会相同。个体如果对环境持积极的态度，就会挖掘环境中有利于自己发展的因素，克服消极的阻力，扩大发展的天地。

解方程教学相对于学生熟悉的四则混合运算来说，还是有一定难度的。尽管各种版本的教材都试图从最简单的方程式入手来说明解方程的原理，但是由于学生已经适应了连续四年或者五年用算术方法解题，反而觉得用方程解题是一个负担。曾经有一个在小学阶段数学学得很好的学生，习惯用算术方法逆向思维解决问题，"嫌弃"解方程太麻烦太啰唆而排斥列方程解决问题。六年级的内容还能用算术方法快速解答，比如分数除法中那些对应相除问题，分数、百分数、比例之间的灵活转化求解问题。但是到了七年级，由于这位同学还是排斥解方程，导致数学成绩一落千丈，实在可惜。虽然是个极端的案例，但足以说明在小学阶段，方程的优越性很难淋漓尽致地展现出来，这也是有些学生不愿意学习解方程的一个重要原因。如果我们能够突破这个瓶颈，相信解方程教学会更加有趣、顺畅。

> **思考**
> 在你的教学经历中是否有个别对方程反感的学生,他的个体差异性表现在什么地方?最后是否爱上了解方程?如何做到的?

3.1.2 学习动机理论的主要观点在解方程教学中的运用

动机是行为的直接原因和内部动力。学习动机是直接推动学生进行学习活动的内部动力。学习动机理论的主要观点和心理学中的主要观点密不可分。我们选取几个具有代表性的、和解方程教学密切联系的观点进行简要介绍。

关于成就动机理论。20世纪30年代,由美国心理学家默里提出。20世纪40年代末,麦克利兰和阿特金森对默里提出的成就动机进行了实验研究,并于1953年合著完成《成就动机》一书。在众多对成就动机的研究中,阿特金森在20世纪60年代中期提出的成就动机模型影响较大,引起了广泛的实证研究。他指出,确定某一动机强度的因素有成就需要、期望(对能否成功的概率的认知)和诱因(成功带来的价值和满足感)。其关系表现为下面的公式:

动机强度(T)= 需要(M)× 期望(P)× 诱因(I)

一般来讲,成功的可能性越小,成功带来的满足感越强。所以 P 与 I 存在互补关系,即 $I=1-P$。

同时,人们在追求成就时有两种倾向。一种是不畏困难、努力达到目标的追求成功的倾向,另一种是害怕失败、避免屈辱的回避失败的倾向。成就动机高的人追求成功的倾向大于回避失败的倾向,他们往往通过各种活动努力提高自尊心和获得心理上的满足。相反,成就动机低的人追求成功的倾向小于回避失败的倾向,他们往往通过各种活动防止自尊心受伤害和产生心理烦恼。

在学习解方程这一内容时,成就动机比较高的学生往往追求成功而且不怕失败,所以学习态度积极向上,他们尽力去发现方程的"美",发现方程解法与算术算法的相同点和不同点,主动实现从算术到方程的过渡,并乐在其中。而成就动机比较低的学生害怕失败和产生失望，所以他们的学习态度被动，觉得方程的学习给自己增加了额外的负担，本来算术方法很容易计算出结果的题目，比如 $x+3=8$，为什么非要选择方程的方法来解，为什么非要等式左右两边都要减去3，直接用8-3=5不就行了吗？他们从心理上抵触方程解法，习惯用已有的算术方法来解方程。此时，若教师不进行适当的干预，到了初中集中学习方程时，这部分孩子会明显落后于其他孩子，并且在他们身上极易出现小学成绩好而初中成绩一落千丈的断崖式跌落现象。

> **思考**
>
> 在教学中，你是如何让大多数孩子积极主动地学习解方程的？有哪些小妙招呢？

3.2 相关的教学理论研究

3.2.1 加涅的教学设计理论与解方程教学设计的结合

当代美国杰出的教学设计理论家加涅，致力于研究人类的学习及学与教的系统设计，其核心是"为学习设计教学"。加涅认为对于不同的学习结果而言，必须有不同的内部条件和外部条件，以支持、激发、促进学习的内部条件。他根据学习的内部过程提出了与各内部过程相匹配的并对内部过程起促进作用的外部条件，即九大教学事件。

①引起注意，激发思维，唤起选择性知觉；②告知目标，激起期望，产生学习的内部动机；③刺激回忆，引发再现性问题，使习得的性能成为学习事件的一部分；④呈现材料，具有突出特征的刺激材料；⑤提供指导，促进语义编码，使所学的东西进入长时记忆；⑥行为表现，促使学习者做出反应活动，也是首次进行的作业；⑦提供反馈，让学习者知道学习结果；⑧评价作业，进一步表现学业行为；⑨促进迁移，建立起材料的关系网络，间时复习，使先前习得的信息处于准备状态。

九大教学事件，对学生来说是学习的外部条件，对教学工作来说，它是教学的心理学基础。把这些事件串联起来，其实就是一线教师进行教学设计的一个链条。具体到解方程这部分内容，一线教师也可以按照这样的流程来设计。比如在第四个教学事件中，呈现材料要突出刺激性。对于小学生来说，虽说解方程也属于计算范畴，但是此计算与四则运算中的计算有着本质的区别。解方程的计算中，等号不再是计算结果呈现的标识，而是摇身一变，作为一种表示左右两边相等的符号一直存在于运算过程中。这个等号和递等式中一直用的等号不相同，递等式计算中的等号只有右边没有左边，而解方程的计算中必须保持左右两边都有数。解方程的计算中，未知数像一个不速之客，突然闯了进来，还要和已知数"平起平坐"一起参与运算，学生对这个未知数的接受也需要一个过程。尽管从一年级开始就用填括号的形式渗透未知数的求法，但是那些渗透也只是让学生填出结果，学生一般用的都是四则运算倒推法，这和用等式的性质解方程还是不同的。所有这些不同，都给教师在选择材料时提供了不同角度的思路。

> **思考**
>
> 你可以用加涅教学设计的九大事件尝试着设计一节课吗？你觉得这九大事件中哪一个事件是最重要的？

3.2.2 马杰的教学设计理论与解方程教学设计的结合

美国著名教学设计家马杰致力于教学目标指导下的教学设计研究，他认为教学设计依次由三个基本问题组成。首先是"我要去哪里"，即教学目标的制订；其次是"我如何去那里"，即学习者起始状态的分析，教学内容的组织，教学方法和教学媒介的选择，等等；最后是"我怎么判断我已经到达了那里"，即教学评价。

教学设计是由目标设计、达成目标的诸要素的分析与设计、教学效果的评价构成的有机整体。其中，教学目标是课堂教学的灵魂和归宿，它不但对学生的课堂教学起着调节和控制的作用，而且最终决定教学的起点，支配学生的发展方向和速度。因此，确立合适、良好的教学目标是教学设计最重要的任务。而如何才能达到预期的教学目标，则依靠对教学对象的分析、教学内容的组织、教学方法和媒体的选择。教学设计最后一个问题是回答"教得怎样",以此衡量是否达到预期的目标,为教学的反馈调控获取翔实的信息。

马杰是从教学目标出发来设计教学的,与加涅的九大教学事件形成对比。把二者结合起来,可以理解为先根据马杰的教学设计理论来确定教学目标,然后根据加涅的九大教学事件设计教学流程,最后再回到马杰的教学目标来反馈教学效果,而这个反馈教学效果也正是加涅九大教学事件中的后三个事件。解方程的教学目标不是固定不变的,不同层次水平的学生,不同的教材,不同的教师,会制订不同的教学目标。但是核心目标应该是基本相同的,那就是让学生学会根据等式的性质来解方程。其中学生对等式的性质的掌握程度将直接影响他们解方程的速度和正确率。从这个意义上来讲,等式的性质作为解方程的一个工具,具有举足轻重的作用。尽管不同版本教材都不约而同地安排了等式性质的教学,但是真正运用到解方程中还是会出现这样那样的不和谐。所以分析教学对象对等式性质的掌握和运用程度,应该是解方程教学设计的重中之重。

> **思考**
> 如果让你制订解方程的教学目标,你会考虑哪些因素?为什么?

3.3 相关教育教学理论对解方程教学研究的启示

解方程的教学内容在小学阶段从有到无,又从无到有,经历了漫长的变化过程。说到底,解方程的教学到了初中才开始大量的学习和运用,在小学阶段只是一个起步。而起步的好坏直接决定着学生今后学习解方程的兴趣与动机,因此小学教师更应该从思想上高度重视解方程的教学,不能简单地认为只是一种简单的运算,更不能企图通过大量的习题训练让学生形成解方程的机械技能,而要充分认识到学生学习解方程的困难所在,认识到学习解方程的必要所在。

初次接触解方程的一些学生,由于已经有了足够的四则运算的基础知识，按照"惯性思维"，他们并没有感觉到解方程的重要，反而觉得太麻烦太啰唆，这样的心理状态是非常不利于学生学习解方程这一内容的。因此，激发学生的学习动机，根据不同的个体差异设计适合学生的教学设计成为小学教师教学解方程内容的主要目标。

> **思考**
>
> 你目前使用的是哪一种版本的教材？你是否可以根据正在使用的教材中的内容设计一节解方程课的教学目标和教学流程呢？

4　教材比较研究与启示

2000年以前，我国还未进行基础教育课程改革，我们使用的教材基本上是全国统一的。即使有部分区域自编的教材，也只能以附属的身份进入学校的课程。这种"大一统"的局面在新课程改革之后被打破，各种不同版本的教材如雨后春笋般出现，于是就有了人教版、苏教版、浙教版等代表不同风格、不同理念的教材，进入我们的日常教学中。多年来，我们一直跟着指定教材的思路亦步亦趋。现在，当我们可以选择适合自己的教材时，却发现选择教材其实也很困难。就目前国内几套有代表性的教材版本来看，它们各有千秋，各有特色。每一套教材都在课程标准的理念指导下，按照自己的逻辑体系进行编排，如同商店橱窗里琳琅满目的商品，让我们目不暇接。

正是这种百花齐放、百家争鸣的教材文化，滋养了教材比较研究的"土壤"。只有深入了解不同版本的教材编排特点和编排体系，我们才能选择出适合自己的那一套教材。同时，只有广泛涉猎不同版本教材的内容和教学要求，我们才能对所教学的每一个知识点了如指掌，从而博采众长，服务课堂。

本章以解方程为例，从三个不同的维度进行教材比较。一是对我国小学数学教材中有方程以来的各版本教材的横向比较研究；二是对同一版本不同时期的这部分内容的纵向比较；三是对港澳台地区以及国外教材中相关内容的介绍。通过教材介绍和对比，加深对解方程教学内容的理解，做到心中有数。

《 解方程教学研究

> **思考**
> 自从 1978 年的教学大纲中提出解方程的教学要求之后,历经 40 多年的风风雨雨,我国的小学数学教材中始终保留着这部分内容。你知道在这 40 多年中,教材中的这部分内容发生了怎样的变化吗?

为了搜集更多的教材资料,笔者随朱乐平名师工作室成员一起,慕名走访了宁波万里国际学校的小学数学教育博物馆,从众多泛黄的小学数学课本中找到了几本涉及解方程内容的教材。由于年代久远,再加上印刷技术及纸张质量有限,教材中的字迹和图片已经不甚清晰。因此,本章在引用的时候,文字与图片进行了一定的整理与处理。

为了便于纵向比较,笔者采用了按照年代的远近整理教材内容的方法。虽然在 2000 年以前,我国的教材一直以人民教育出版社的教材为主,但也出现了少量不同出版社的教材,这些教材很好地补充了人教版教材的纯粹和单一,为我们了解 2000 年以前的解方程教学思路提供了途径。现以 1976—2000 年不同时期不同版本的教材为载体,截取同一内容的具体编排进行分析比较,由远及近,体验贯穿历史的感觉。

4.1　同一时期不同版本教材的横向比较研究
4.1.1　2001 年前不同版本教材的横向比较研究

(1) 20 世纪 70 年代中苏教材解方程教学例题比较研究

> **思考**
> 你知道 20 世纪 70 年代我国教材中解方程的教学例题是怎样安排的吗?

笔者翻看到的最早出现解方程教学内容的教材是一个地方单位编写的。这个带有明显时代烙印的编写单位"信阳地革委文教局"应该早已不存在或者早已更名,但它留给我们的却是那个年代最真实最客观的教材面貌。在编写单位信息后,落款处的日期是 1976 年 10 月,比我国首次提出解方程的教学大纲还早两年，可见该教材的编写者是很有远见的小学数学教学专家，只可惜没有留下名字，无法考证。

根据教材编写情况说明可知，该教材是用于三年级下学期的区级试验课本。在单元《整式加减法》中，先教学“整式的值”，接着教学“一元一次方程的解法”。

教材呈现了五道例题。例 1 是以应用问题的形式出现的，编写者是想通过实际情境引导学生理解题目中含有未知数的式子的含义，从而顺利列出方程，明白方程表示的具体意思，然后教学解方程。这样的安排不仅体现了方程的实用价值，还体现了解方程的实用价值。（如图 4–1）

1　红星小学种了两块棉花试验田，第一块3亩，第二块2亩，两块地共收皮棉960斤，平均亩产皮棉多少斤？

解：设：每亩平均产皮棉X斤

第一块3亩，可产皮棉3 X斤

第二块2亩，可产皮棉2 X斤

两块地共产皮棉3 X＋2 X（斤）

列出方程：3 X＋2 X＝960

合并同类项：5 X＝960

X＝192

验算：把X＝192代入方程：

左边得：3×192＋2×192＝960

右边也是960

等号两边相等，说明了X＝192是正确的

答：平均每亩产皮棉192斤。

图 4–1　1976 年出版的小学数学第六册第 39 页例 1 图示

例 2 到例 5 是脱离了具体情境的解方程。

例 2 为“解方程：$6x-5-3x=x-7$”；例 3 为“解方程：$25x-12650+12x=11326-11x$”；例 4 为“解方程：$15-(3x-5)=45-8x$”；例 5 为“解方程：$5x-18=24-(7-12x)$”。

可以看出，例 1 已经是 $ax+bx=c$ 形式的方程了，例 2、例 3 的等式两边都含有 x，需要移项和合并同类项，例 4、例 5 的方程里出现了括号，需要去括号。也就是说,教材的例题安排中除了去分母外,其他基本的解方程方法都涉及了。那个时期的三年级学生是否可以掌握如此复杂的解方程技巧已无法考证,只记得笔者三年级学的算术课本没有相关的内容(1976年笔者正好读小学三年级)。

> **思考**
>
> 你知道20世纪70年代末苏联教材中解方程的教学例题是怎样安排的吗?

笔者还翻看到了1979年版的翻译教材,"出版说明"里标注了主编姓名和译者姓名,明确提出该书是为研究国外小学数学教学改革情况而出版的。此套教材是根据苏联教材翻译过来的,反映出我国小学数学教育工作者想与国际接轨的初衷。解方程的教学内容安排在四年级。(如图4-2)

出版说明

本书是根据苏联十年制学校教材《数学(四年级)》(A·И·马尔库舍维奇主编)1979年版,由北京景山学校组织孙文俊同志译出,并经丁尔陞同志校订.

本书是为研究国外中小学数学教学改革情况而出版的,可供小学数学的教学研究人员、师范院校师生、小学教育工作者参考.

本书内容是按原文照译的,出版时未作改动.书中反映和渗透的一些政策性内容和观点,阅读时要加以分析.

图4-2 1979年翻译的苏联教材"出版说明"

解方程也是从具体的实际问题引入的,例题没有从数量关系出发,而是给出了天平图示。运用天平的平衡原理列出方程,再利用天平平衡原理解释求 x 的过程。在列方程和解方程的过程中,始终紧紧抓住"平衡"这一关键条件,让学生体会天平与方程之间的关系。(如图4-3)

4 教材比较研究与启示

问题. 在天平左面盘子里(图②)放了 5 盒面条, 而在右面盘子里放了同样的 3 盒面条和两个 2 公斤的法码. 这时天平平衡. 每盒面条的质量是多少?

①

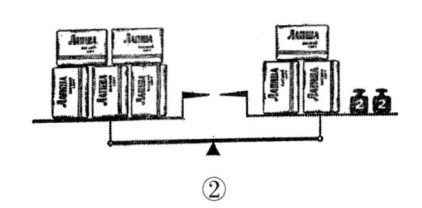

根据问题的条件列方程. 设一盒面条重 x 公斤, 那么 5 盒重 $5x$ 公斤, 而 3 盒重 $3x$ 公斤. 右面盘子里的总质量是 $3x+4$ 公斤, 而左面盘子里是 $5x$ 公斤. 因为天平平衡, 所以应从变量 x 的一切值中求出使下列等式为真的那些值:

$$5x = 3x + 4$$

②

③

我们已经列出了方程. 要解这个方程, 我们从两边的盘子里各取掉 3 盒面条. 这样, 在左面的盘子里还剩下 2 盒面条(图⑤), 而在右面的盘子里就剩下两个 2 公斤的法码. 这时天平仍平衡. 显然, 每盒面条重 2 公斤. 也就是, 只有当 $x=2$ 时, 等式 $5x=3x+4$ 才是真的.

含变量的等式叫做方程. 使等式为真的变量的每个值叫做方程的根.

解方程就是求它的根的集合.

④

⑤

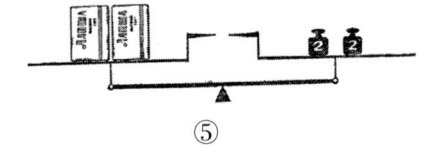

图 4-3 1979 年出版的小学数学第八册第 57—58 页图示

该教材例题的讲解基本上都是纯文字的, 没有解方程的基本规范格式, 也没有移项、合并同类项、去括号等方法, 更没有验算. 通过文字的讲解让学生明白两边各取掉 3 盒面条这一步的道理, 同时用形象直观的天平图示来解释这个过程, 可谓数形结合. 最后给出了方程和解方程的定义. 从这两个定义中也可以发现与现行小学数学教材中的不同. 比如给出了"根"的概念, 提到了"集合"这个词, 把方程定义为"含有变量的等式"而不是"含有未知数的等式", 等等.

思考

看了这两个 20 世纪 70 年代的版本, 你一定有了一些自己的想法. 可以自己尝试着比较一下两种版本教材的异同哦!

039

表 4-1 20 世纪 70 年代中苏小学数学教材解方程教学例题比较

教材	中国小学试用课本 数学第五册	苏联十年制学校教材 四年级数学
出版时间	1976 年	1979 年
是否与解决问题整合	否	是
是否与方程的意义整合	否	是
是否提到等式	否	是
引入方式	解决问题	解决问题
解方程依据	移项，合并同类项，去括号	天平的平衡原理
解方程的格式	完整，规范	详细说明每一步的由来，没有具体的书写格式示范
是否有解方程和方程的解的概念	否	是，方程的解称为方程的根
是否有检验	验算 代入法，过程完整；算盘竖式法，书写规范	否
是否有负数的运算	是	认为 7−x=10 没有一个根，它的根的集合是空的
题目中的数	最大 5 位数参与运算	最大 6 位数参与运算

比较结论：

第一，20 世纪 70 年代中国与苏联在小学阶段虽然都引入了方程，都是从解决问题引入的，但是在解方程的教学中却突出了两种不同的理念，一种是直接用数学中的移项、合并同类项、去括号等方法来解方程，一种是利用天平的平衡原理来解方程。这说明 40 多年前，就有了两种解方程的思路，历经岁月的洗礼，这两种解方程的方法至今仍然可以分庭抗衡，足见其各自强大的知识技能之"后台"。

第二，解方程是否要和解决问题放在一个单元进行教学，或者混在一起进行教学，也是一个历久弥新的话题。关于这部分内容，我国的教材是分开的,先用一个实际问题引入,然后用四道例题来说明解方程的步骤、格式;苏联的教材是整合的,只用一道例题说明方程的意义、解方程的原理、方程的根,然后开始大量的解方程运算以及列方程解决问题。这两种编排思路至今也依然在顽强地互相抗争着。没有对错,只有适合。

(2) 20世纪80年代苏教版与人教版教材解方程教学例题比较研究

1978年教学大纲提出把解方程的教学引入小学之后,当时已经有编写教材资质的比较权威的两种版本是苏教版和人教版。

> **思考**
> 你知道20世纪80年代苏教版教材中解方程的教学例题是怎样安排的吗?

1983年,江苏省中小学教学研究室编写的六年制小学数学五年级第一学期教材中,安排了四道解方程的例题,而且方程的概念并没有"另起炉灶",而是在解方程之前用一句话描述,然后介绍了方程的解和解方程的定义,并且明确说明:在小学里,我们是根据加法和减法、乘法和除法中各部分之间的关系来解简易方程的。注意,这里特意说明是"在小学里"。(如图4-4)

> 象 $x+1.5=8$、$56-x=14$、$2x=5.4$、$x\div 9=4$ 这种含有未知数的等式叫做**方程**。
>
> 使方程左、右两边相等的未知数的值,叫做**方程的解**。例如:
>
> $x=6.5$ 是方程 $x+1.5=8$ 的解;
>
> $x=2.7$ 是方程 $2x=5.4$ 的解。
>
> 求方程的解的过程叫做**解方程**。
>
> 在小学里,我们是根据加法和减法、乘法和除法中各部分之间的关系来解简易方程的。

图4-4 1983年出版的苏教版小学数学五年级教材第83页部分图示

例1为"解方程 $80-5x=15$";例2为"解方程 $0.75\times 60+3.5x=185$";

例 3 为"解方程 4(x+8)=80";例 4 为"从 25 与 3 的积里减去某数的 8 倍,差是 15,求某数"。

从例 1 开始,解方程的第一步是先写出把( )看作一个数。例 1 是把 5x 看作一个数,例 2 是把 3.5x 看作一个数,例 3 是把 x+8 看作一个数,例 4 是文字题,需要设某数为 x,然后根据题意列方程,可以看作是列方程解应用题的前身。在例 4 里,依然需要把 8x 看作一个数。例 4 之后有一个小小的说明:如果题目中的未知数没有用字母表示,解题时要先把未知数设为 x。由此看来,此版本教材直接教学的是较复杂的解方程,此前没有代数式的适当铺垫,也没有关于 5x、3.5x、8x 是什么式子的缩写形式,更没有诸如 x+3=8 这种一眼就能看出 x 是多少的方程的解法。不知道那个时候的教师是怎样进行教学的,或许他们觉得是理所当然的吧。

例 1 呈现了此版本教材中完整的解方程教学内容。解方程的格式已经初步具备了初中教学的范式,比如先写解,写出把 5x 看作一个数,然后还要写出根据哪一种四则关系,得出了哪一个式子。解的过程要求等号对齐。解方程之后要求验算,验算用的是代入法,可以看出这个代入法和我们现在的代入法还是有一些细微差别的。(如图 4-5 ①)

例1 解方程 $80-5x=15$

解:把 $5x$ 看作一个数,根据减数等于被减数减去差,得

$$5x = 80 - 15$$
$$5x = 65$$
$$x = 13$$

验算:把 $x=13$ 代入原方程,

左边 $80-5\times 13=15$,和右边相等,

$x=13$ 是原方程的解。

图 4-5 ① 1983 年出版的苏教版小学数学五年级教材第 83 页例 1 图示

虽然四道例题的左边复杂一些,但是等号右边都只有一个数,其实形式上看起来还和以前学的算术式子是一样的,等号右边表示的是一个结果,而这恰恰是代数思维与算术思维的联结一个关键点。从练习题里也可以看出这一特点。(如图 4-5 ②)

4 教材比较研究与启示

$$2x + 5 = 15 \qquad 4x + 4 = 28$$
$$35 - 3x = 5 \qquad 5x - 23 = 7$$
$$3x - 10 = 20 \qquad 18 - 2x = 11$$
$$29 - 3x = 8 \qquad 11x - 6 = 5$$
$$24x - 20 = 4 \qquad 4x + 4 = 24$$

图 4-5 ② 1983 年出版的苏教版小学数学五年级教材相关练习图示

> **思考**
> 你知道 20 世纪 80 年代人教版教材中解方程的教学例题是怎样安排的吗？

1983 年人教版教材中安排了六道解方程的例题。方程的意义和解方程的教学同样是放在一起的。人教版注重前后知识之间的联系，教材中特别说明：我们以前做过一些求未知数 x 的题目，实际上就是解方程。也就是说解方程并不是第一次学习，以前也曾经学过。那么这次单独学习解方程又有什么意义呢？

像 $20 + x = 100$、$3x = 69$、$x - 10 = 35$、$x \div 12 = 5$ 这种含有未知数的等式，叫做方程。

说一说：下面哪些是方程，哪些不是方程？为什么？

$$4 + 3x = 10 \qquad 6 + 2x$$
$$17 - 8 = 9 \qquad 8x = 3.2$$

使方程左右两边相等的未知数的值，叫做方程的解。

例如：$x = 80$ 是方程 $20 + x = 100$ 的解，
$x = 23$ 是方程 $3x = 69$ 的解。

求方程的解的过程叫做解方程。

我们以前做过一些求未知数 x 的题目，实际上就是解方程。

图 4-6 1983 年出版的人教版教材第 10 册第 13 页解方程相关概念图示

如图 4-6，对于什么是方程，人教版除了给出一句话的定义之外，加了一个辨析环节，即"哪些是方程哪些不是方程？为什么？"，所举例子中已经注意到了代数式、等式、方程之间的不同，但是没有对它们进行深入细致的分析。

例 1 为"解方程 $x+8=15$"；例 2 为"解方程 $5x=80$"；例 3 为"20 减去一个数，差是 7，求这个数"；例 4 为"解方程 $3x+9=24$"；例 5 为"解方程 $4x-18\times2=20$"；例 6 为"一个数的 6 倍减去 35，差是 13，求这个数"。

从题目形式上看，例 1 是关于简单加法数量关系的；例 2 是关于简单乘法数量关系的；例 3 是用文字表述的关于简单减法数量关系的；例 4、例 5 开始涉及较复杂的方程；例 6 是关于较复杂的方程的文字表述，也是要说明题目中没有未知数的，要先设这个数为 x。解方程的根据也是四则运算中各部分之间的关系，并且书写格式上和初中衔接，也就是要写出"根据""得"这几个字。图 4-7 是例 1，从中可以看出这道题不用解方程学生也知道 x 是几，那么这道题的目的可能就是要求学生知道可以用另一种形式求出未知数，而这种形式的书写格式比较麻烦，比起直接说出 $x=7$ 来，学生应该比较排斥解方程吧。不知道那个时候的老师是怎样进行教学的。笔者是 1985 年参加工作登上讲台的，记得那个时候就是很生硬地强迫学生必须这么写，没有道理可讲。

例1 解方程 $x+8=15$。
解：根据一个加数等于和减去另一个加数，得
$$x=15-8$$
$$x=7$$

图 4-7　1983 年出版的人教版小学数学教材第 10 册第 13 页例 1 图示

我们可以看一下例 3 的解答过程（如图 4-8），除去解方程的算式之外，教材要求写的话有"解：设减去的数是 x，这个方程是""根据减数等于被减数减去差，得"，文字比式子要多很多。同样，对于学生来说，$20-x=7$ 并不是一道复杂的方程，学生一眼就能看出 $x=13$。不知道当时教参上给出的教学目标是什么，可能是通过简单的解方程熟悉方程的解题步骤及书写格式吧。因为到了例 5、例 6 的时候，可以看出这些文字过程已经省略了。

4 教材比较研究与启示

> **例3** 20减去一个数,差是7,求这个数。
>
> 想:先用 x 表示未知数,写出方程,再求出方程的解。
>
> 解:设减去的数是 x,这个方程是
>
> $$20-x=7$$
>
> 根据减数等于被减数减去差,得
>
> $$x=20-7$$
> $$x=13$$
>
> 注意:以后解方程,除了要求写出检验过程的以外,都用口算进行检验。

图 4-8 1983 年出版的人教版小学数学教材解方程例 3 图示

> **思考**
> 看了这两种 20 世纪 80 年代版本的教材,你一定也有了一些自己的想法。可以自己尝试着比较一下两种版本教材的异同哦!

表 4-2 20 世纪 80 年代初苏教版和人教版小学数学教材解方程教学例题比较

教材	苏教版六年制小学课本数学	人教版六年制小学课本数学
出版时间	1983 年 3 月第 1 版	1983 年 11 月第 1 版
例题数量	四	六
是否有检验	验算	检验

比较结论:

20 世纪 80 年代初苏教版和人教版教材在小学阶段都引入了方程,一改 20 世纪 70 年代教材版本的套路,都脱离了解决问题的具体情境,采用单纯的解方程教学;都没有教学什么是等式,直接用"含有未知数的等式"定义方程;都是和方程的意义教学放在一起,且都给出了方程、方程的解、解方程的定义;都说明了解方程其实就是以前学过的求未知数;都依据四则运算各部分之间的关系解方程;都注重解方程的书写格式;都有文字表述数量关系的解方程例题。总之,共性之处较多。

在例题编排上,苏教版例1、例2就是$ax±b=c$的变形方程,例3是带有括号的解方程题目。人教版先从最简单的$a±x=b$和$ax=b$进行教学,从例4开始才是$ax±b=c$的方程。这样看来,人教版的编排显得更有梯度一些。不过,既然之前已经有了求未知数的经验,那么苏教版的编排应该更符合学生的已有经验吧。

(3)20世纪90年代末《实验数学》和《现代小学数学》解方程教学例题比较研究

20世纪90年代的教材,笔者选取了两个地方版本的进行比较。一本是姜乐仁主编的由湖北科学技术出版社出版的1997年第1版第9册《实验数学》;一本是张天孝编著的由科学出版社出版的1998年第1版第8册《现代小学数学》。两种版本的教材编写体系不同,编写思路不同,呈现在我们面前的例题也就各不相同。

> **思考**
> 你知道20世纪90年代《实验数学》解方程的教学例题是怎样安排的吗?

《实验数学》第9册开始给解方程新设了一个小节,而不是把解方程直接与方程的认识放在一起进行教学了。解方程的根据仍然是四则运算各部分之间的关系。教材安排了6道例题。例1为"解方程$3.6-x=2.4$";例2为"解方程$x÷5=0.7$";例3为"解方程$5+2x=23$";例4为"解方程$4x-3×5=9$";例5为"解方程$5x+8x=52$";例6为"7.2加上一个数的6倍等于12,求这个数"。

六道例题基本涵盖了简单和稍复杂解方程的类型题目,不过在等号的右边依然只有一个数,和之前各种版本的例题没有实质的区别。因为是根据四则运算中各部分之间的关系来解方程的,所以从例1开始就是有关小数的而且x是减数的解方程题目。(如图4-9①)

4　教材比较研究与启示

例1　解方程　$3.6-x=2.4$

解：$x=3.6-2.4$　　　根据减数=被减数-差

$x=1.2$

检验：把 $x=1.2$ 代入原方程

左边$=3.6-1.2=2.4$

右边$=2.4$

左边=右边

∴ $x=1.2$ 是原方程的解。

注意　在解方程时要注意书写格式。根据方程的意义，在解方程的过程中不能连等。

(3)　$3x-7=14$

解：$3x=14+7=21$

$x=21\div 3=7$

① ②

图4-9　1997年湖北科学技术出版社出版的《实验数学》第9册第126页例1及相关练习图示

除了书写格式和算术方法不同之外，在算法上没什么差别。例题后特别强调"根据方程的意义，在解方程的过程中不能连等"。在相关练习中还有一道这样的题目，关注书写格式（如图4-9②）。

根据四则运算之间各部分的关系，我们可以看出，解方程的第一步是要先找到 x 在四则运算中所处的位置，然后根据那些关系对号入座便可实现方程的变形，求得未知数的解。所以 x 的位置判断和四则运算关系的选择是最关键的步骤。即使是减数、除数也没有关系，背出公式套用即可。这样来看，这种解方程的方法还是好教好学的。

> **思考**
>
> 你知道20世纪90年代《现代小学数学》解方程的教学例题是怎样安排的吗？

《现代小学数学》将解方程这部分内容安排在第8册，笔者没有找到相关的例题，只能从练习题目中分析教材。从练习题目中可以看出，这种版本教材中解方程题目的特点。

047

《 解方程教学研究

解方程。
$24x-8x=144$ $12x+585=825$
$90+4x=150$ $15x-250=440$
$x÷26-72=63$ $1440÷x+58=118$
$198÷x=72÷4$ $x÷20=360÷15$
$(35+17)x=18.72$ $34x-18×3=24.2$

图 4-10　1998 年科学出版社出版的《现代小学数学》第 107 页练习题图示

如图 4-10，十道题目中，有八道题等号右边只有一个数，特别值得一提的是，有两道题等号左右两边都是式子，而且数字偏大，运算偏多，题目偏难。

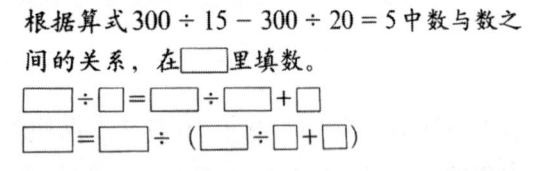

根据算式 $300÷15-300÷20=5$ 中数与数之间的关系，在 □ 里填数。
□÷□=□÷□+□
□=□÷(□÷□+□)

图 4-11　1998 年科学出版社出版的《现代小学数学》第 110 页练习题图示

如图 4-11，根据算式中数与数之间的关系，对原有式子进行变形。这个式子本身就比较复杂，把稍复杂的式子进行变形是解稍复杂方程的基本功之一。学生不仅要对原来的运算顺序非常熟悉，而且还要熟练运用四则运算之间各部分的关系，这对学生的要求是比较高的。

> 思考
> 看了这两个 20 世纪 90 年代版本的教材，你一定发现了它们的异同，可以简单地总结一下哦！

尽管都是关于解方程的编排，但是在这两种版本教材中似乎找不到相似的地方。不过万变不离其宗，我们从例题和习题中还是可以找到两种版本教材中对于解方程编排的共通之处，比如基本方程部分。在习题的选择上，《现代小学数学》的两道左右两边都是式子的方程给了解方程教学很好的启示。

4.1.2　2001年后不同版本教材的横向比较研究

（1）2001年版课程标准指导下的苏教版和浙教版教材解方程教学例题比较研究

2000年起，我国掀起了一次自上而下的课程改革，基础课程改革的呼声此起彼伏，一系列活动铺天盖地而来。每一个从那个时期走过来的教师一定还记忆犹新。在课程标准实验稿颁发前后的教材中，笔者选取了苏教版和浙教版两种版本的教材进行比较。一本是夏明华主编的由浙江教育出版社出版的2004年4月印刷的小学数学第9册，一本是江苏省中小学教学研究室编著的由江苏教育出版社出版的2004年11月印刷的小学数学第8册。

两种版本的教材虽然属于同一年代，但从版本记录信息来看，一个是有具体署名的编者，说明体现更多的是编者个人的思想风格；一个署名为"研究室"，说明更多地体现了集体智慧的思想融合。作为课程改革前奏的教材，它们仍然保留着前几个年代的痕迹。

> **思考**
> 你知道21世纪初浙教版教材解方程的教学例题是怎样安排的吗？

浙教版第9册安排了七道例题。

例1为"解方程 $x-18=30$"；例2为"解方程 $2x+5.6=9.6$"；例3为"解方程 $9(12+x)=162$"；例4为"解方程 $5x-12×3=14$"；例5为"解方程 $x-1.4+0.6=2.4$"；例6为"解方程 $10x+6x=64$"；例7为"列出方程，并求出方程的解。12减一个数的6倍，差是5.4，求这个数"。

七道例题的呈现体现了由浅入深的梯度。从一步计算到多步计算，从没有括号到有括号，从一级运算到两级运算，从解方程计算题到设未知数的文字题，循序渐进，层次分明。

在例3中，教材出现了这样一句提示语：把（$12+x$）看作一个数。（如图4-12）如果没有代数式的知识做铺垫,学生怎样理解（$12+x$）是一个数呢？它是一个数吗？还是一个式子？如果是一个式子的话，通过怎样的方式让学生理解？

《 解方程教学研究

例3 解方程。$9(12+x)=162$

解：$12+x=162÷9$　　把$(12+x)$看做一个数。

图 4-12　2004年出版的浙教版小学数学第9册第101—102页解方程例3图示

在例4中，教材的提示语是："先计算$12×3$"，但是没有说明为什么要先计算$12×3$。（如图4-13）

例4 解方程。$5x-12×3=14$

解：$5x-36=14$　　先计算$12×3$。
　　$5x=14+36$
　　$5x=50$
　　$x=50÷5$
　　$x=10$

图 4-13　2004年出版的浙教版小学数学第9册第104页解方程例4图示

在例5中，提示语也是要求"把$x-1.4$看做一个数"。（如图4-14）和例3的困惑一样，明明是两个数相加或相减的形式，为什么要看成一个数？看成一个数的依据是什么？为什么不把后边的两个数看成一个数呢？

例5 解方程。$x-1.4+0.6=2.4$

解：$x-1.4=2.4-0.6$　　把$x-1.4$
　　$x-1.4=1.8$　　　　看做一个数。
　　$x=1.8+1.4$
　　$x=3.2$

图 4-14　2004年出版的浙教版小学数学第9册第105页解方程例5图示

从练习题中，我们也看到了等号左右两边都是式子的方程。（如图4-15）

解方程。

$10x+4.5×80=810$　　　$2x+1.2=4.5$
$0.25×120-7x=14.6$　　$3.5x-x=17.5$
$2.8÷(3+x)=3.5×0.2$
$(4x-0.32)+1.6=2.08$

图 4-15　2004年出版的浙教版小学数学第9册第141页解方程练习题

4 教材比较研究与启示

> **思考**
> 你知道21世纪初苏教版教材解方程的教学例题是怎样安排的吗？

苏教版第8册只安排了三道例题。例1为"解方程24+x=39"；例2为"解方程x-(26+9)=48"；例3为"解方程72-4x=12"。

这三道例题同样体现了由浅入深的原则，这样编排，方程的类型也更典型。特别值得一提的是，例2的提示语中出现了"按照运算顺序"这几个字。（如图4-16）运算顺序，在解方程中同样有着举足轻重的作用。说到底，解方程仍然属于计算教学的一部分，而计算教学怎能绕开运算顺序呢？

例2 解方程 $x-(26+9)=48$。
解： $x-35=48$
$x=48+35$
$x=83$

想：按照运算顺序，先算出26与9的和。

图4-16　2004年出版的浙教版小学数学第8册第82页解方程例2图示

在例3的提示语中，没有说把4x看作一个数，而是说"把4x看作减数"。（如图4-17）同样的问题：4x是一个数吗？还是一个式？

例3 解方程 $72-4x=12$。
解： $4x=72-12$
$4x=60$

想：根据题意，把$4x$看作减数。

图4-17　2004年出版的浙教版小学数学第8册第83页解方程例3图示

> **思考**
> 通过对以上两种版本进行分析，你一定也有了一些自己的想法。可以尝试着比较一下两种版本教材的异同哦！

两种版本的教材都是我国新课程改革之前的最后一版教材，解方程的依据仍然是四则运算中各部分之间的关系，题目的类型基本上包括了所有稍复杂解方程的题目，而且都强调了把哪一部分看作一个整体，也就是教材上所说的看作一个数。不同的是，所选择的例题前者多，后者少；前者有合并同类项的解方程，后者没有；前者是用简单的说明来解释解方程的步骤，后者特意用红色字体在旁边写出了解方程的根据；前者没有提到运算顺序，后者特意提到了运算顺序。

（2）2011年版课程标准指导下的六种版本教材解方程教学例题比较研究

经过十年课程改革，不论是理论层面还是实践层面都积累了很多宝贵的经验，2011年版课程标准是基于十年基础教育课程改革的基础上修订的。新版课程标准中明确说明"了解等式的性质，能用等式的性质解简单的方程"。史宁中主编的《数学课程标准（2011年版）解读》有这样一段话："第二学段能解简单的方程，如 $3x+5=5$，$2x-x=3$。但尚未形成方程的概念，更未系统研究各类方程的解法。一开始从算术方法到代数方法可能显得比较烦琐，特别是对于简单的数量关系，算术的方法操作起来更容易一些。但在解简单方程时还是应当用等式性质，一方面体现代数方法的本质，另一方面是与第三学段学习方程的思路保持一致。"

2011年版课程标准指导下的新版小学数学教材有十几种，笔者选择了六种不同版本的教材进行横向比较。它们分别是：青岛出版社2014年版（以下简称"青岛版"），浙江教育出版社2014年版（以下简称"浙教版"），人民教育出版社2013年版（以下简称"人教版"），西南师范大学出版社2013年版（以下简称"西师大版"），江苏教育出版社2013年版（以下简称"苏教版"），北京师范大学出版社2013年版（以下简称"北师大版"）。

> **思考**
> 　　你知道这六种不同版本的教材解方程的教学内容是怎样编排的吗？（如表4-3）

4 教材比较研究与启示

表 4-3 六种不同版本教材关于解方程教学内容编排的综合对比情况

教材版本	青岛版	浙教版	人教版	西师大版	苏教版	北师大版
年级	五上	四下	五上	五下	五下	四下
单元名称	四 走进动物园——简易方程	五 代数式与方程	五 简易方程	五 方程	一 简易方程	五 认识方程
页数	52—56	102—103	68—73	83—85	2—7	68—71
例题数量	2	4	5	3	4	5

关于解方程这部分内容，六种不同版本的教材都安排在了四、五年级，一方面说明孩子到了四、五年级已经积累了相当的算术知识经验和活动经验，可以进入比较系统的代数知识学习了，另一方面说明了代数思维在小学阶段渗透的重要性和必要性。

六种不同版本的教材中有三种是以"简易方程"来命名单元的，说明方程的简易性；有一种是以"认识方程"命名的，说明方程的起始性；有一种是以"方程"命名的，说明方程的整体性；有一种是以"代数式与方程"命名的，说明方程与代数式之间紧密的联系。而且在小学阶段，只有浙教版出现了"代数式"这个名称，其他版本都是"用字母表示数"。

六种不同版本的教材中都给解方程单独安排了页数，其中最多的是苏教版和人教版，各有 6 页内容；北师大版和青岛版次之，各有 5 页内容；西师大版略少一些，有 3 页内容；最少的是浙教版，只有 2 页的内容。内容多的版本安排课时也相对多一些，内容少的版本安排课时相对少一些。六种不同版本的教材中最少的例题有两个，两个例题分别用来说明至少需要等式的基本性质 1 和 2 才能完成解方程的教学。

> **思考**
> 你知道在这六种不同版本的教材中，解方程的教学例题分别是怎样引入的吗？

青岛版教材通过创设生活情境，提出数学问题，引入教学例题。（如

《 解方程教学研究

图4-18）金丝猴馆的叔叔想知道金丝猴的体重，得把金丝猴放在笼子里称，真实的情境引出天平的必要；利用了天平称重量的原理，体现了天平的平衡原理，渗透方程左右两边相等的意义；"你能提出什么问题？"，提出问题的过程其实就是在脑海里形成数量关系的过程。情境图中没有直接给定未知数 x 表示的数量。

图4-18　2014年出版的青岛版小学数学五年级上册第56页情景图

浙教版教材通过提出生活问题，联系推算经验，引入教学例题。（如图4-19）只用文字叙述，没有图片，提供了一个生活中的数学问题，要求学生解答。告知学生用图形▲表示这种布料的单价可以列出带有图形的等式。给出了 x 这个未知数，告知学生如果用 x 代替三角形，那么可以把图形等式改写为字母等式。用"代替""改写"这两个词语让学生明白图形和字母之间的联系，注重推理。

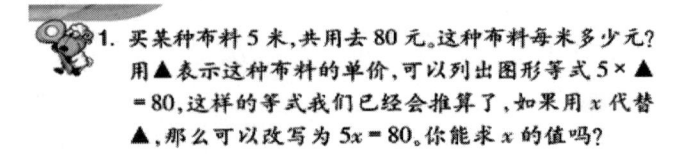

图4-19　2015年出版的浙教版小学数学四年级下册第102页例1图示

人教版教材通过呈现实物图示，用大括号表示关系引入。（如图4-20）实物图示的图意简单明了，能直观地看出盒子里外足球数量之间的关系。

用大括号把盒子里的 x 个足球和盒子外的 3 个足球合起来，建立加法模型。盒子里的足球个数直接用给出的字母 x 来表示，教材按照从左到右的顺序给出了一个方程，表示盒子里和盒子外以及大括号之间的关系。

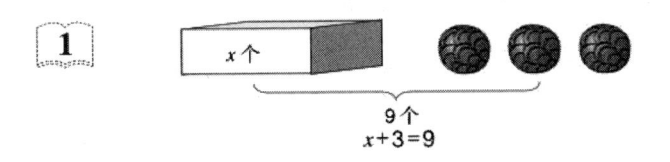

图 4-20　2014 年出版的人教版小学数学五年级上册第 68 页例 1 图示

西师大版教材和苏教版教材，通过呈现天平图示，用平衡表示关系引入。（如图 4-21 和图 4-22）两种版本都利用天平平衡原理列出方程，给出 x，在图中用 x 表示物体的质量。按从左到右的顺序给出了方程，明确提出看图列方程，求 x 的值。

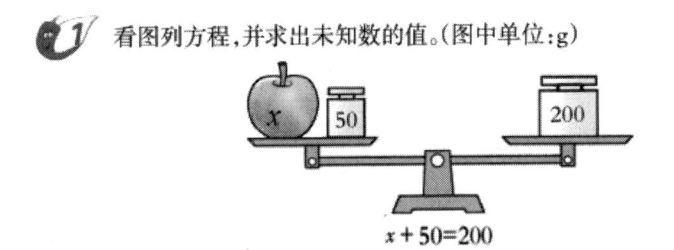

图 4-21　2014 年出版的西师大版小学数学五年级下册第 83 页例 1 图示

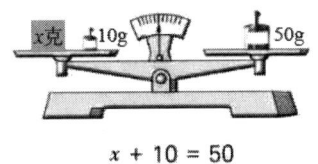

图 4-22　2013 年出版的苏教版小学数学五年级下册第 3 页例 4 图示

北师大版教材通过抽象天平图示，利用等式性质引入。例题呈现了一

《 解方程教学研究

幅相对抽象的天平图示。从生活情境中的天平到实验中用的天平图示再到简单的抽象的天平图示,其实是要经历一个过程的。北师大版教材给我们呈现的是最抽象的天平图示。在一个○里写了 x,在一个正方形里写了一个 2。北师大版教材中没有用到"等式性质"这个词,它用的是"规律"。把天平右边的数字 10 分解成了 5 个 2,从图示中可以看出天平两边都减去 1 个 2,天平还平衡,等式还相等。(如图 4-23)

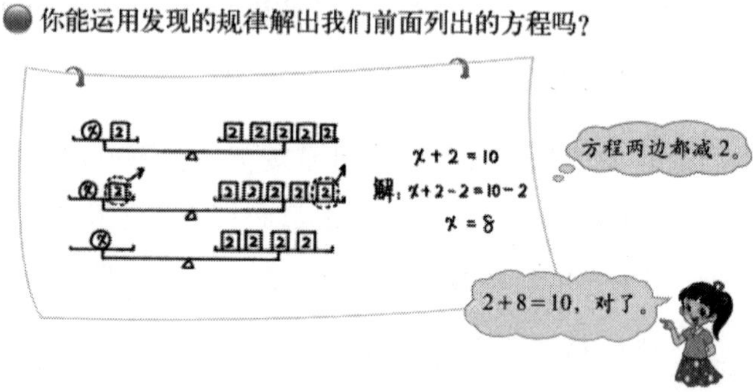

图 4-23　2013 年出版的北师大版小学数学四年级下册第 68 页图示

思考

请你简单地对比一下 2011 年版课程标准指导下的六种不同版本的教材关于解方程例题的引入方式(如表 4-4),从中可以发现哪些有启发性的共同点和不同点?

表 4-4　六种不同版本教材对解方程教学内容引入方式的综合对比情况

教材版本	青岛版	浙教版	人教版	西师大版	苏教版	北师大版
是否有天平图示	是			是	是	是
是否直接用字母表示			是	是	是	是
是否以等式性质引入						是
是否直接列方程			是	是	是	是
方程中 x 的位置	x+150=200	5x=80	x+3=9	x+50=200	x+10=50	x+2=10

首先，引入方式与教材的编写意图密切相关。比如青岛版教材是从生活情境出发的，甚至每一个单元的题目也是生活化的，所以引入当然要用生活情境了。再如浙教版教材逻辑思维比较强，所以引入当然要用到推算的经验和推理的能力。

其次，引入方式与编写者的教学理念密切相关。比如北师大版注重规律的发现和运用，在教学解方程是从等式的性质直接引入的，但是它把等式的性质当作一个规律让学生先发现规律，然后运用规律去解方程。前后连贯，一气呵成。比如人教版注重数量关系的潜移默化，在引入时运用了大括号强调合起来的数量关系。

最后，引入方式与知识本身密切相关。比如西师大版和苏教版都是以平衡的实物天平图示引入的。因为方程本身就相当于天平的左边和右边相等，只不过这里有了一个未知的数 x。

不论以哪种方式引入，我们不难发现，每种教材中给出的方程数字都比较小，都能够根据以前填括号的经验快速得出未知数的值，那么这里的解方程的必要性如何体现？怎样的引入方式才能让学生感悟到解方程独特的优势呢？

不论哪一种版本，教材中给出的方程都是基于事实本身的方程，也就是看到什么就写什么，是天平图示抑或是实物图示抑或是文字叙述中最基本的数量关系的再现，没有一种版本教材在引入时呈现变式列出方程。教材为什么要回避变式方程？是在传递一种基于事实本身列方程的优越性吗？有没有更好的呈现方式呢？

> 思考
> 你知道这六种不同版本教材解方程的教学例题分别是怎样教学的吗？

北师大版教材把等式的性质和解方程放在一起进行教学。（如图 4-24）先通过八幅不同的天平图示发现规律，这个规律其实就是等式性质一，只不过北师大版教材没有具体说明是等式的性质。八幅天平平衡的图示，循序渐进。

《 解方程教学研究

○ 观察下图，你发现了什么规律？

| 5=5 | 5+2=5+2 | 12=12 | 12-2=12-2 |
| x=10 | x+5=10+5 | x+5=15 | x+5-5=15-5 |

天平两侧都加上相同的质量，天平仍平衡。

天平两侧都减去相同的质量，天平仍平衡。

等式两边都加上（或减去）同一个数，等式仍然成立。

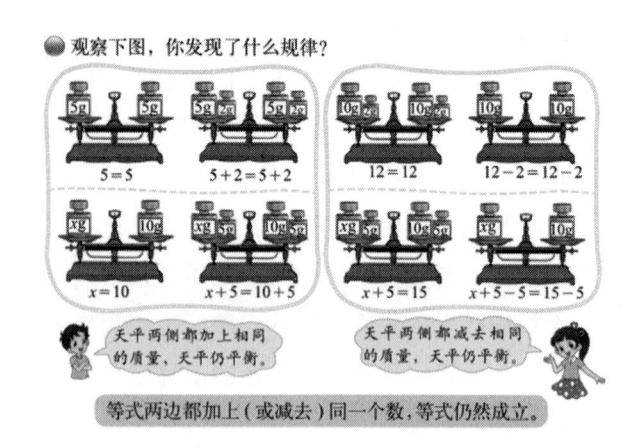

图 4-24　2013 年出版的北师大版小学数学四年级下册第 68 页图示

5=5，表示两个质量都是 5 g 的砝码相等；5+2=5+2，表示在天平两边同时加上了 2 g 的砝码，天平平衡，两边相等；x=10，天平左边是 x，右边是 10，天平平衡表示 x=10，把标有"x"的砝码写成 10 也行；x+5=10+5，表示在天平两边同时加上 5，天平平衡，两边相等。用这四幅天平图示来说明等式两边都加上同一个数，等式仍然成立。

12=12，表示天平左右两边各放 1 个 10 g 和 1 个 2 g 的砝码，天平平衡，两边相等；12-2=12-2，表示天平两边同时拿走 1 个 2 g 的砝码，天平平衡，两边相等；x+5=15，表示左边 2 个 x g 和 5 g 的砝码，右边 2 个 10 g 和 5 g 的砝码，图示和第四幅相同，但等式却不相同，这个等式的右边把 10+5 算了出来，直接写成了 15；x+5-5=15-5，表示天平两边同时拿走 1 个 5 g 的砝码，天平平衡，两边相等。用这四幅天平图示来说明等式两边都减去同一个数，等式仍然成立。

之后教材给出了一句话，把这八幅图示的规律整合在一起，即"等式两边都加上（或减去）同一个数，等式仍然成立"。

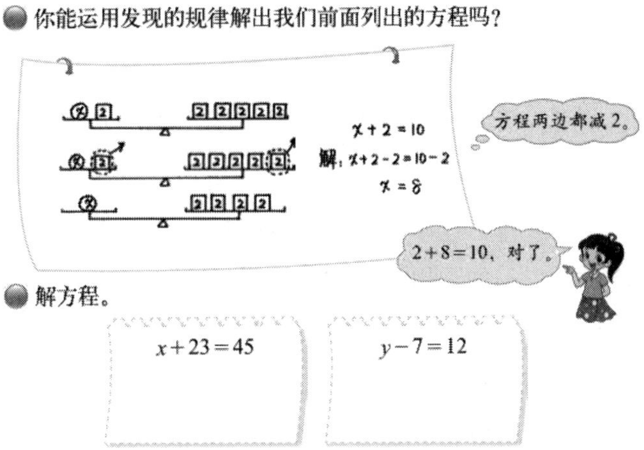

4　教材比较研究与启示

图 4-25　2013 年出版的北师大版小学数学四年级下册第 68 页例题图示

接着教材例题要求"运用发现的规律"解方程。（如图 4-25）先把天平的实物图示抽象成了天平图画，每一个天平旁边都配有相应的等式，体现了数形结合的思想。教材有一句"方程两边都减 2"的提示语，说明了解方程的依据和过程，还用一个"2+8=10"的算式来验算，但并没有严格的验算格式，也没有写"检验"两个字。最后出示的两道练习题既有用 x 表示的未知数，也有用 y 表示的未知数，不仅丰富了方程的含义，而且丰富了解简单方程的方法。

正所谓：

变化天平图示，发现平衡规律；总结平衡原理，沟通天平方程；

分解右边数字，提示运用规律；验算格式简单，字母方程不同。

以上详细分析了北师大版教材的例题教学，其他五种版本教材就分别用八句话来概括。

青岛版教材：

等量关系支撑，列出方程解答；借助天平求解，总结等式性质；

运用性质求解，检验过程完整；动态演示过程，两个概念齐下。

浙教版教材：

图形等式推算，字母代替图形；两种思路并行，两个概念齐下；

方程类型多样，书写格式省略；两种检验格式，强调代数书写。

人教版教材：

天平图示支撑，等式性质求解；动态演示过程，天平方程对应。

再现等式性质，追问运用原理；检验过程完整，两个概念齐下。

西师大版教材：

天平图示支撑，列出方程求解；运用等式性质，提示运用原理。

加乘天平示意，减除自己试解；检验过程完整，两个概念齐下。

苏教版教材：

天平图示支撑，列出方程求值；调动已有经验，算术方法求值。

提倡等式性质，说明运用原理；检验过程简单，两个概念齐下。

> **思考**
>
> 请你简单地对比一下 2011 年版课程标准指导下的六种不同版本教材解方程例题的呈现方式（如表 4-5、表 4-6、表 4-7、表 4-8、表 4-9、表 4-10），从中可以发现哪些有启发性的共同点和不同点？

表 4-5　六种不同版本教材例题中解方程的依据和步骤对比情况

教材版本	青岛版	浙教版	人教版	西师大版	苏教版	北师大版
是否根据等式的性质	是	是	是	是	是	是
是否根据四则运算之间的关系		是			是	
步骤是否两边同时	是		是	是	是	是
是否有典型错例						是
是否有用别的字母表示未知数						是

表 4-6　六种不同版本教材例题中解方程的基本数量关系对比情况

教材版本	青岛版	浙教版	人教版	西师大版	苏教版	北师大版
加	例 2		例 1	例 1	例 4	例 1
减	例 2	x 在减数的位置，在练习里	例 1 后的"做一做"	例 1 后的"试一试"	例 4 后的"练一练"	例 2
乘	例 3	例 1	例 2、例 3（x 在减数的位置）	例 2	例 6	例 3
除	例 3 后的练习	x 在除数的位置，在练习里	例 2、例 3 后的"做一做"（x 在除数的位置）	例 2 后的"试一试"	例 6 后的"练一练"	例 3 后的练习

表 4-7　六种不同版本教材例题呈现的天平图示以及其他模型对比情况

教材版本	青岛版	浙教版	人教版	西师大版	苏教版	北师大版
是否为实物天平图示	是		是	是	是	
是否为抽象天平图示		是				是
天平是否呈现动态变化	是		是			是
解方程过程是否与动态演示对应			是			是
是否有其他模型		单价、数量、总价	实物图		长方形面积	

表 4-8　六种不同版本教材例题中的概念定义以及检验过程对比情况

教材版本	青岛版	浙教版	人教版	西师大版	苏教版	北师大版
是否有"解方程"的定义	是	是	是	是	是	
是否有"方程的解"的定义	是	是	是	是	是	
检验是否有方法提示	是	是		是	是	
检验格式是否规范	是		是	是		是
是否出现"检验"一词	是	是	是	是		

解方程教学研究

表 4-9 六种不同版本教材例题中等式性质教学的顺序及运用等式性质解释解方程对比情况

教材版本	青岛版	浙教版	人教版	西师大版	苏教版	北师大版
先等式性质后解方程		是	是	是		
一个性质（规律）后紧跟解方程例题	是				是	是
运用等式性质解释解方程		等式两边都除以5，方程两边都除以5	为什么要减3	方程两边都减去50	方程两边都减去10，左边只剩下 x	方程两边都减2
例题中最多用几次等式的性质	1	2（有括号）	2（有括号）	2	1	1

表 4-10 六种不同版本教材例题中呈现的研究过程对比情况

教材版本	青岛版	浙教版	人教版	西师大版	苏教版	北师大版
观察发现—总结归纳—运用性质					是	
观察发现—运用性质				是		
观察发现—运用性质—回顾反思			是			是
利用经验—改写等式—沟通联系		是				
提出问题—观察发现—总结归纳—运用性质	是					

> **思考**
> 通过这几个表格，你已经对六种不同版本教材中的解方程教学有了比较深入的了解，你可以试着对它们进行小结吗？

各版本教材都依据课标用等式的性质解方程；都能从最简单的等量关系出发研究如何运用等式的性质解方程；基本上都借助了直观的天平图示来研究用等式的性质解方程，有的教材还有动态的演示过程，而且每一步演示都与解方程的每一步对应；基本上都谈到了检验这个环节，有的过程比较完整，有的只有1个算式，总之对检验意识的培养是不可少的；在处理与等式性质的关系方面，不同版本教材处理方式不同，有的先整块教学等式的性质然后再整块教学解方程，有的一边教学等式的性质一边教学解方程。

北师大版教材特别强调了同加同减同乘同除的书写格式，并且专门设计了一道典型错例。浙教版教材的书写格式和用四则运算解方程是一样的。那么，北师大版教材的写法有利于学生理解等式性质解方程的原理，但书写烦琐容易引起学生的反感。浙教版教材的写法虽然简洁，但是容易让学生的思维产生惯性，依然用四则运算之间的关系解方程，不利于学生进行运用等式性质解方程的训练。哪一种书写更好一些？这可能需要实证研究。

北师大版教材关于检验是最简单的，甚至没有代入之类的语言提示，只用了一个 2+8=10 的算式来说明。西师大版教材的检验是比较完整的，而且在代入检验之后才作答，这样有利于培养学生的反思意识。那么方程的检验在小学阶段到底处于什么样的位置，是否要求学生规范地写出检验过程，从而培养检验意识以便和中学阶段的学习进行衔接呢？

4.2 不同时期同一版本教材的纵向比较研究
4.2.1 人教版教材解方程教学内容编排的纵向比较研究

人教版教材一直是在我国中小学占据主要地位的教材，与其他地方教材相比，更被广大一线教师所熟悉。笔者选取了1983年、1996年、2003年、2013年四个不同时期人教版教材进行纵向比较，前后跨越30年，以期从时代发展的角度寻找解方程教学之根本所在。

（1）四个不同时期人教版教材解方程教学内容编排比较研究

表 4-11　四个不同时期人教版教材解方程教学内容编排的对比情况

年份	年级	例题数量	编排特点
1983年	五下	6	方程的意义和解方程一起教学
1996年	五上	6	解方程单独教学，有教学代数式的例题
2003年	五上	5	天平引入，和解决问题一起教学
2013年	五上	5	介绍等式的性质，解方程单独教学

如表 4-11 所示，从教材的编排上可以看出，解方程教学从方程的意

义引入到单独设为一小节教学再到天平引入随后到用等式的性质引入,经历了漫长的 30 年。这 30 年间,小学数学教材关于这部分内容经历了几次大的增减,改变最大的一次当属 2011 年版新课程标准指导下的小学数学教材了。用等式的性质解方程这部分内容从"犹抱琵琶半遮面"的状态走到了台前。但不管解方程的依据是什么,解方程的内容一直存在于我国小学数学的教材中,并且已经成为小学数学的必考内容,其难度系数呈逐年上升的趋势。

> **思考**
>
> 四个不同时期人教版教材中都把解方程的教学安排在了五年级上或五年级下,说明从五年级开始可以进行解方程的教学了。五年级的解方程教学和初中的解方程教学的衔接点到底在哪里?如果小学不学解方程的教学,初中直接学可以吗?如果有兴趣,可以做一做这方面的研究哦!

(2)四个不同时期人教版教材解方程教学例题比较研究

表 4-12　四个不同时期人教版教材解方程教学例题对比情况

	1983 年	1996 年	2003 年	2013 年
例 1	$x+8=15$	$x-8=16$	$x+3=9$（x 个 + 9 个）	
例 2	$5x=80$	$3x+4=40$	$3x=18$	
例 3	20 减去一个数,差是 7,求这个数	$6×3-2x=5$	今天上午 8 时,洪泽湖蒋坝水位达 14.14m,超过警戒水位 0.64m。警戒水位是多少米	$20-x=9$

(续表)

	1983年	1996年	2003年	2013年
例4	$3x+9=24$	一个数的6倍减去35，差是13，求这个数		看图列方程，并求出方程的解。 $3x+4=40$
例5	$4x-18\times 2=20$	一个工地用汽车运土，每辆车运 x 吨。一天上午运了4车，下午运了3车，这一天共运土多少吨？		$2(x-16)=8$
例6	一个数的6倍减去35，差是13，求这个数	$7x+9x=80$		

四个不同时期人教版教材中的例题虽各不相同，但其基本思路还是比较一致的。比如从简单方程到稍复杂方程，从一步运算到多步运算，方程的右边只有一个数，等等。从例题的类型来看，例1基本上都是从加减法的数量关系开始的，例2基本上是乘法的数量关系，例3、例4为稍复杂的解方程，出现了乘加、乘减等数量关系，例5、例6是稍复杂的解方程的不同类型。（如表4-12）

人教版1983年版教材的六道例题中有两道是文字叙述数量关系的题目，其余四道题目都是解方程题目；人教版1996年版教材的六道例题中有一道文字叙述数量关系的题目，沿用了1983年的例6，有一道实物图示的看图列方程解方程题目，有一道图文结合的代数式的教学例题，是为后边 $ax \pm bx=c$ 的解方程做准备的，其余三道题目是以减法为主要数量关系的题目；人教版2003年版教材的五道例题，除了例2之外，其余四道例题基本上都是和图示、文字结合在一起的，例1是看图列方程解方程，例3、例4、例5则是解决问题中的列方程解方程；人教版2013年版教材的五道例题中例1、例2和2003年版教材中的相同，例4是一道看图列方程解方程的题

065

目，例3和例5都是以减法为主要数量关系的题目，例5还是一道带括号的解方程题目。

> **思考**
> 从六道例题到五道例题，从只有方程到图文并茂，从单纯的解方程到和解决问题一起教学再到单纯的解方程，这中间的曲折说明了什么？

通过纵向比较，我们可以发现从简单的数量关系入手教学解方程，可以让学生更快地熟悉解方程的格式、步骤、方法；文字叙述的数量关系和实际问题中的数量关系同样承载着列方程架构的重任，能够让学生充分意识到用方程思想解决问题的必要性、一般性和简洁性；代数式的教学成为解方程教学的"前奏"，缺失代数式的解方程教学与四则运算没有多大的区别。

（3）四个不同时期人教版教材解方程学习方式比较研究

为了便于比较，笔者选取了每种版本教材的例1，从例题的呈现方式可以看出学生的学习方式以及小学数学教学的些许发展痕迹。

在人教版1983年版教材中，教材直接出示例1。这是一道简单的加法数量关系的题目。给出了解方程的依据，也给出了书写格式和检验过程。教学时应该是传统的灌输式或者不用教学生就可以自学。第一，教材已经告诉我们解方程其实就是过去所学的求未知数 x。第二，解方程的依据和过去练习中的求未知数 x 没有区别。唯一不同的是格式和步骤，相比于口算出未知数 x 的值，这个解方程的过程反而显得啰唆且意义不大。我们来展示下教材中对于这部分内容的解题过程。

解方程 $x+8=15$

解：根据一个加数等于和减去另一个加数，得

$x=15-8$

$x=7$

检验：把 $x=7$ 代入原方程，

左边 $=7+8=15$，右边 $=15$，

左边 = 右边,

所以 $x=7$ 是原方程的解.

在人教版1996年版教材中,教材直接出示例1。这是一道简单的减法数量关系的题目。给出了解方程的依据、解方程的书写格式、检验的过程方法,和1983年版教材的编排基本一致。不同的是教材把解方程的依据用虚线方框圈起来了,所传递的应该是这些文字学生知道即可,不必写在解方程的过程中,相当于给学生减轻了写字的负担。但是,因为七年级需要写每一步的理由,如"移项,得","合并同类项,得",等等,小学阶段的舍去也为初中的解方程教学带来一定的困难。曾经有一位初中数学教师特意问过笔者,小学解方程为什么不写解题的根据?因为小学没有养成解方程写根据的习惯,到了初中要求学生写清根据的时候很费力。我们来展示下教材中对于这部分内容的解题过程。

解方程 $x-8=16$

解:根据被减数等于减数加差

$x=16+8$

$x=24$

检验:把 $x=24$ 代入原方程,

左边 $=24-8=16$,右边 $=16$,

左边 = 右边,

所以 $x=24$ 是原方程的解.

在人教版2003年版教材中,从例题呈现方式可以看出,教材一改往日直接呈现方式,而是配以图形进行解说、提问。如此的呈现方式可谓是层层递进,有助于引导学生思考:是什么、为什么、怎么样。教材反映出来的课程改革的教学理念还是很明显的。从人教版1996年版的教材呈现到人教版2003年版的教材呈现,不仅仅是例题形式的"改头换面",还是一次深层次的教学方式和学习方式的变革;不仅仅是呈现方式的"大变活人",更是教学内容上的大胆变革。

例1用实物图示引出方程。其实根据图示可以列出四个算式或方程,

> 解方程教学研究

比如 $x+3=9$，$3+x=9$，$9-x=3$，$9-3=x$，其中第四个被一些教师认为不是方程，因为在这样的含有未知数的等式中 x 没有真正参与运算，这个话题至今仍然是一个谈论的焦点。教材没有呈现其他三个算式或方程，可能是只想通过一个方程来教学解方程的原理。

列出方程之后，教材用一问一答的对话形式引导学生思考。（如图4-26）不要小看这一问一答，它是改变学生学习方式的一个重要举措。提出问题之后要求教师给学生留足思考的时间和空间，让学生充分地发表见解之后再介绍天平的平衡原理。因为教材在例1之前做了充分的铺垫，不仅介绍了天平平衡的原理，而且介绍了方程的解和解方程的概念。例1就是教学解方程的原理，没有其他的附带知识干扰其教学内容。

图4-26　2003年出版的人教版小学数学五年级上册第58页例1图示

引出用天平保持平衡的道理帮助解方程后，教材用数形结合的思想浓墨重彩地讲解了用天平平衡的原理解这个方程。教材用三幅天平图示，分别说明解方程的每一步。

图示1是把皮球图抽象成了方块图，用1个方块代替1个皮球，分别把等号两边的式子放在了天平的两边，并在旁边对应了一个方程。图示2是用蓝色的方块和箭头来说明"方程两边同时减去一个数，左右两边仍然相等"，也在旁边对应了一个相应的式子，并用红色的字体和红色的箭头来追问学生："为什么要减3？"图示3是解方程的结果也就是方程的解。（如图4-27）

4 教材比较研究与启示

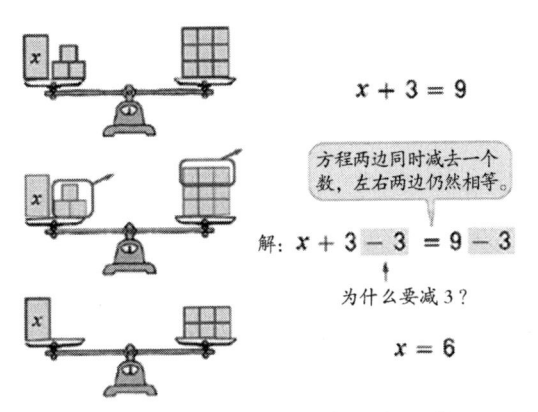

图 4-27　2003 年出版的人教版小学数学五年级上册第 58 页例 1 解方程过程

已经求出了方程的解，教材用"验算"代替了"检验"这个词，不知道"验算"和"检验"这两个词到底是一对同义词的互换，还是编者想和四则运算中的"验算"进行统一？验算的方法也和之前的两种版本格式不同，改横着书写"左边右边"为竖着书写，这样的书写更符合解方程的格式，更容易被学生接受，毕竟连等格式的验算会干扰学生解方程的书写。（如图 4-28）

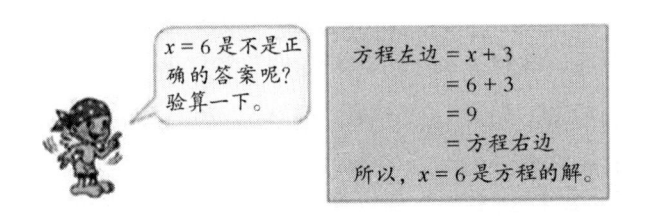

图 4-28　2003 年出版的人教版小学数学五年级上册第 58 页例 1 验算过程

人教版 2013 年版教材中的例 1 和 2003 年版教材中的例 1，题目完全相同，不同的是解方程的教学过程。教材改变了一问一答的对话内容，变为："x 的值是多少？可以用等式的性质来求。"至此，教材用"等式的性质"取代了"天平平衡的道理"，"等式的性质"正式登上小学数学教材这个"大雅之堂"。在教学例 1 之前，教材用两页的篇幅介绍了等式的性质 1 和等式的性质 2。在一问一答之后教材紧接着用三幅天平图示介绍了解方程的原理，

069

解方程教学研究

这三幅天平图示和 2003 年版教材中的图示基本相同，一个小的不同是天平图案，指针显示在正中间表示天平平衡的意思；还有一个不同是把"方程两边同时减去一个数"改为"等式两边减去同一个数"，而两句话的意思是相同的。（如图 4-29）

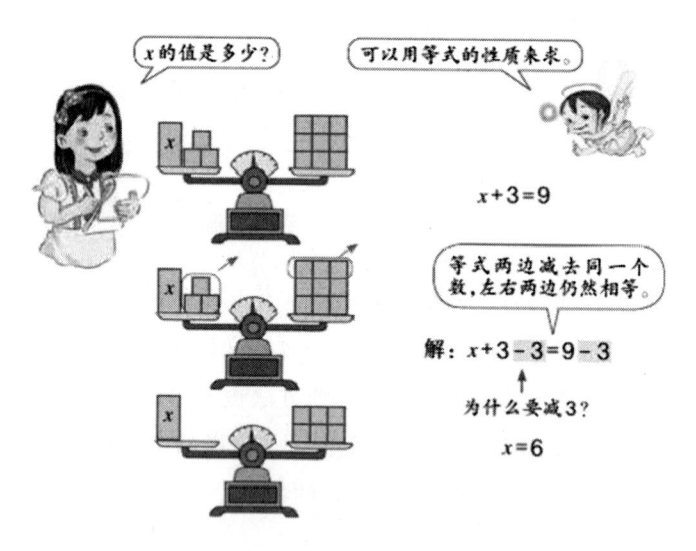

图 4-29　2013 年出版的人教版小学数学五年级上册第 68 页例 1 解方程过程图示

解方程之后，教材介绍了"方程的解"和"解方程"的概念。在检验过程中，使用的是"检验"而不是"验算"。2003 年版教材的"验算"可能是想和四则运算统一说法，但是 2013 年版教材又用了"检验"这个词，原因不明。（如图 4-30）

图 4-30　2013 年出版的人教版小学数学五年级上册第 68 页例 1 检验过程图示

4   教材比较研究与启示

4.2.2   人教版教材解方程教学内容编排的纵向比较研究的启示

> **思考**
> 纵向比较了不同时期人教版教材中解方程内容的编排情况和例题呈现情况,我们对解方程教学的历史发展有了一个大致的了解。你觉得教材中最重要的变化有哪些呢?

随着经济的迅猛发展,教材的纸张越来越白净,版面越来越清晰,色彩越来越鲜艳,图案越来越充满童趣。

教材的编写从关注教学生学会解方程的技能转变为引导学生明白解方程的原理,从根据四则运算之间各部分的关系解方程转变为用等式的性质解方程,从只有一个方程式到图文并茂……每一次的改变都是一次进步,都是在力求从学生的视角教授适合学生的知识。

时代在进步,社会在发展,教材在变化。作为教师,我们有什么理由不去继续学习呢?

4.3   其他版本教材中解方程教学内容的简单介绍
4.3.1   中国香港教材中解方程教学内容的简单介绍

香港教材版本是多元的。笔者有幸于 2017 年 10 月初随杭州市江干区教育局考察团赴香港进行教育考察近 10 天,近距离地了解香港从幼稚园到大学和从校内到校外的教育现状。每到一处,必去学校图书馆翻阅教材,抽空与学生、教师进行简单的交流;必去附近书店查阅有关小学数学教材的图书,实地拍照。香港教材基本都是选用 16 开本,繁体字,纸质很好,色彩鲜艳,图文并茂。每册数学教材都很薄,相当于我们的练习册。还标有 A、B、C 等字样,用于区别不同年级、不同学期。

> **思考**
> 你知道香港小学数学教材中解方程的内容是怎样编排的吗?

香港 2002 年出版的《小学数学》教材从五年级下册 A 开始教学解方程,在六年级下册 A 中继续学习。五年级下册 A 的版本与六年级下册 A 相同,都是由新亚洲出版有限公司出版,由卢朴川编著。

《 解方程教学研究

　　五年级下册 A 中,方程是用天平引入的,在解方程教学之前先介绍了等式的性质,但是教材并没有总结出等式的性质,而是用形象的天平图示来说明"两边同时"的道理。在教学简易方程时仍然以形象思维天平为依托,来说明解方程的原理。也就是说,借助天平平衡的原理解方程是其特色之一。

　　"简易方程(一)"的例 1 教学是从简单的解决问题入手的,在用天平示意图表示题意之前,教材中的提示语是:"用 1 粒 ● 代表一个小朋友"。这一提示把复杂的小朋友形象转化成了简单图形,实现了从具体到半抽象的过渡。教材用两幅天平图演示了解方程的具体过程,用箭头表示两边同时减去 6。验算的格式也是以等号都在左边的形式出现的,这种编排和 2003 年人教版的编排基本一致。不同的是在解题时,香港教材强调"设",没有内地教材中强调的"解"这个字。(如图 4-31)

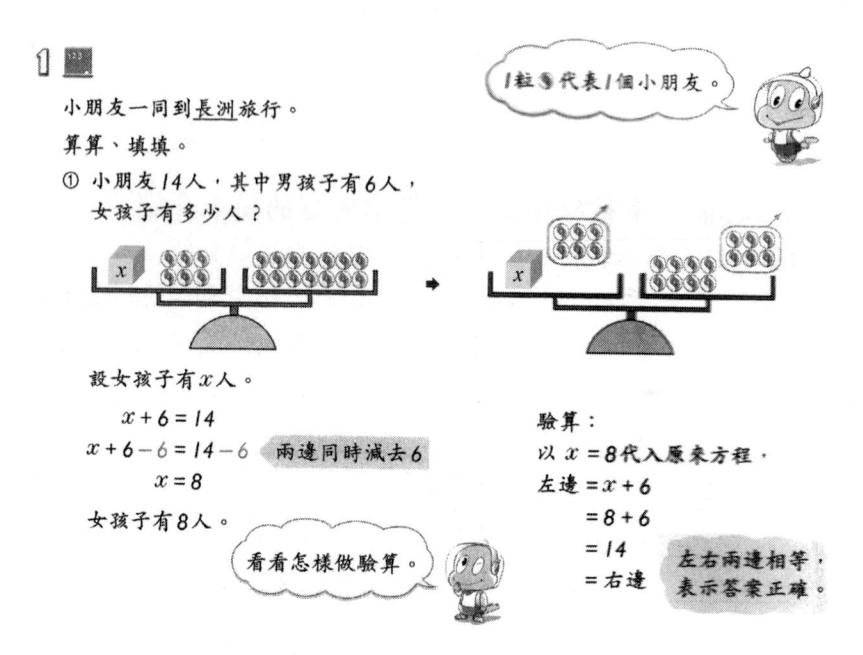

图 4-31　香港 2002 年出版的小学数学五年级下册 A 教材"简易方程(一)"例 1 图示

　　"简易方程(二)"的例 1 也是从简单的解决问题入手的,教材还是用两幅天平图演示了解方程的具体过程,用箭头表示两边同时除以 3。第一个天平图示是表示题意的,教材特意用"$x+x+x=3x$"这个代数式说明 $3x$ 的由来。这一步的解释比人教版的更浅显易懂，但是仍然没有"$x+x+x=3×x=3x$"的过渡过程，没有说明代数式中省略乘号的书写规定。（如图4-32）

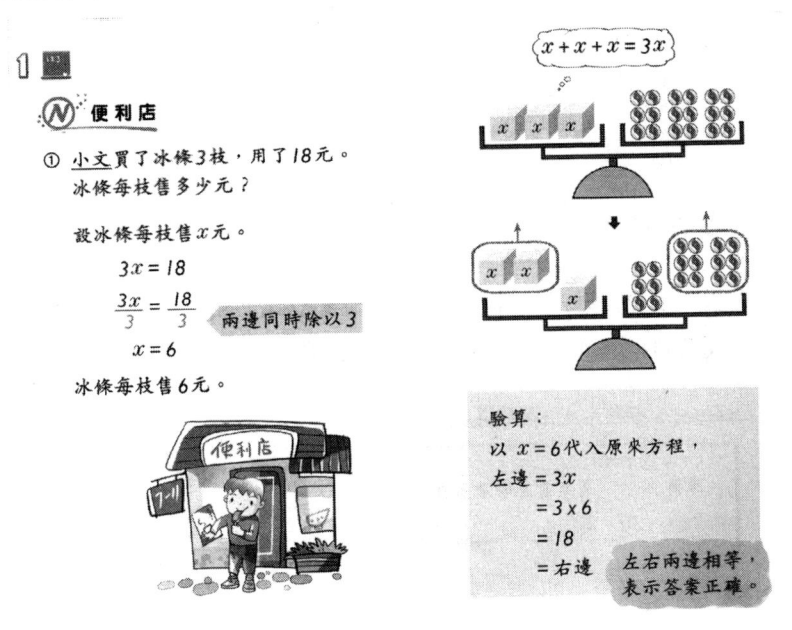

图4-32　香港2002年出版的小学数学五年级下册A教材"简易方程（二）"例1图示

两个例1分别是简单的加法和乘法数量关系的题目，简单的减法和除法数量关系的题目分别安排在两个例1之后。然后教材专门安排了一道未知数在减数位置上的解方程题目，依然用"两边同时加上"的方法解方程，只不过同时加上的不是一个数，而是一个字母。用这道题目还说明了"未知数通常放在左边"的规定。这样看来，香港教材比较注重细节，注重每一步的说明。

特别值得一提的是，在例题教学之后，教材用两句话简明扼要地概括了解方程的精髓，也就是"两边同时"，不论是"两边同时加上或减去适当的数"，还是"两边同时乘以或除以适当的数"，目的只有一个，那就是"使左边只含有未知数"，而这句话在内地教材中是没有的。

另外，香港教材还有两个特点，一是解方程中的未知数不限于x、y、z，而是26个英文字母中的任意一个，这样的方程更具有一般意义；二是没有"×"和"÷"，已经和代数式进行了无缝衔接。（如图4-33）

《 解方程教学研究

解下列各方程，并自行验算。

① $6b = 72$　$b = ?$　　　② $18m = 576$　$m = ?$

③ $8k = 40$　$k = ?$　　　④ $3a = 81$　$a = ?$

⑤ $\dfrac{p}{8} = 18$　$p = ?$　　　⑥ $\dfrac{y}{15} = 24$　$y = ?$

⑦ $\dfrac{c}{11} = 31$　$c = ?$　　　⑧ $17 = \dfrac{x}{5}$　$x = ?$

图 4-33　香港 2002 年出版的小学数学五年级下册 A 教材简易方程习题图示（一）

六年级下册 A 教材中的简易方程是稍复杂的方程例题，也是从解决问题入手的。题目的类型也只限于两步计算的数量关系。（如图 4-34）

解下列各方程，并自行验算。

① $5f + 18 = 48$　　　② $112 + 4k = 200$　　　③ $9k - 36 = 36$

④ $5n - 120 = 30$　　　⑤ $70 - 3m = 25$　　　⑥ $84 - 6j = 60$

⑦ $\dfrac{a}{2} + 21 = 34$　　　⑧ $\dfrac{x}{9} + 10 = 22$　　　⑨ $\dfrac{s}{4} - 15 = 14$

⑩ $\dfrac{k}{8} - 24 = 56$　　　⑪ $30 - \dfrac{t}{3} = 6$　　　⑫ $75 - \dfrac{y}{5} = 43$

图 4-34　香港 2002 年出版的小学数学六年级下册 A 教材简易方程习题图示（二）

---思考---

通过对香港小学数学教材解方程内容的了解，你觉得我们应该从中学习些什么呢？你是否可以尝试着把内地教材和香港教材做一简单的对比研究呢？

4.3.2　美国教材中解方程教学内容的简单介绍

对美国教材的了解来源于一课研究伙伴的资源共享。如果有机会一定亲自考察一下美国的小学数学教学。

4 教材比较研究与启示

> **思考**
> 你知道美国小学数学教材中解方程的内容是怎样编排的吗?

美国小学解方程教学内容安排在六年级,篇幅不多,只有一个简单的介绍。解方程的方法没有统一的规定,没有引入天平图示,在格式的规范上也没有过多强调。最大的特点是依靠逻辑顺序和已有的经验进行推理,从而得出解方程的依据。

美国版本教材的解方程是从求未知数开始的。教材先呈现了加法和减法数量关系的方程式,然后在"Think"中解释了为什么 $x=7$ 和 $x=24$。可以看出,这种方法其实就是四则运算部分之间的关系。因为 $7+5=12$,$12-5=7$,所以 $x=7$。为了突出和 x 有密切关系的数"5",教材特意在"Think"的解释中用红色和蓝色标注出了 5;同样,为了突出和 x 有密切关系的数"9",教材特意在"Think"的解释中用红色和蓝色标注出了 9。书写格式上,除了等号对齐之外,没有要求写"解"这个字。(如图 4-35)

Find the missing number.
$x + 5 = 12$
$x = 12 - 5$
$x = 7$

Think
$7 + 5 = 12$ and
$12 - 5 = 7$ are
related sentences.

Find the missing number.
$x - 9 = 15$
$x = 15 + 9$
$x = 24$

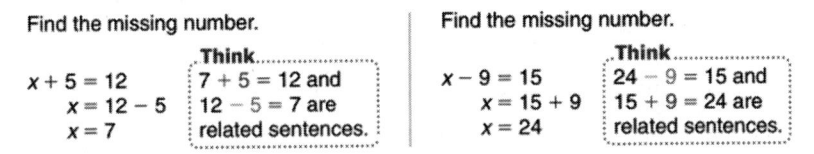

Think
$24 - 9 = 15$ and
$15 + 9 = 24$ are
related sentences.

图 4-35 《进步数学》(*Progress in Mathematics*)中的解方程图示

在加法和减法之后,教材紧接着呈现了乘法和除法数量关系的方程式,并且说明乘法和除法也可以依据这样的关系来求出未知数 x 的值。不仅如此,教材还用字母表示出了乘法和除法之间的关系,同时说明了乘法和除法之间的逆运算关系。(如图 4-36)

▶ Multiplication and division are also inverse operations.

Let a, b, and c be any numbers.
If $a \times b = c$, then $c \div b = a$.
Division "undoes" multiplication.
If $c \div b = a$, then $a \times b = c$.
Multiplication "undoes" division.

图 4-36 《进步数学》(*Progress in Mathematics*)中的解方程图示

> 解方程教学研究

然后教材呈现了乘法和除法数量关系的方程式，其中"Think"部分的灰色标注部分与加法和减法数量关系方程式的相同，便于学生模仿、归纳、提炼。（如图 4-37）教材把四种运算放在一起进行教学，用了统一的格式、统一的方法、统一的说明，体现了教材编写的整体性、系统性；教材用字母公式表示出了乘除法之间的关系，而没有给出加减法之间的字母公式，体现了教材的灵活性、逻辑性；教材没有总结加减乘除四种运算解方程的方法，没有让学生背诵四则运算之间的那些烦琐的公式，体现了教材的思维性、空间性。

Find the missing number.

$y \times 4 = 12$
$y = 12 \div 4$
$y = 3$

Think
$3 \times 4 = 12$ and
$12 \div 4 = 3$ are
related sentences.

Find the missing number.

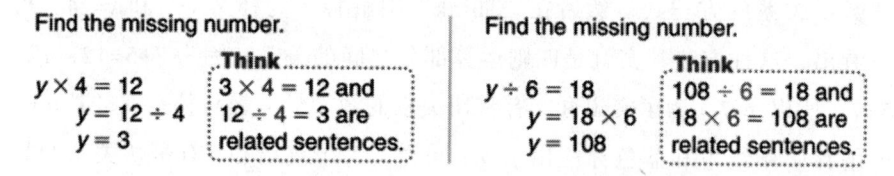

$y \div 6 = 18$
$y = 18 \times 6$
$y = 108$

Think
$108 \div 6 = 18$ and
$18 \times 6 = 108$ are
related sentences.

图 4-37 《进步数学》（Progress in Mathematics）中的解方程图示

最后教材安排了十二道练习题目，其中加减乘除都有，未知数字母各不相同，这一点和中国香港的教材相同。同时，这其中有一位数、两位数的运算，也有四位数、五位数的运算，还有未知数字母在等号右边的方程式，更有带着单位的方程式。可以说，这十二道题目是经过编者精挑细选、精心设计的。由此，我们看出了美国教材编排上的严密逻辑。（如图 4-38）

Find the missing number using inverse operations.

1. $8 + a = 12$
2. $36 - b = 9$
3. $r + \$2.96 = \$10.00$
4. $n - 40 = 56$
5. $19 \times d = 418$
6. $y \div 3 = 233$
7. $45a = 675$
8. $23 \times c = \$115.00$
9. $e + 468 = 9921$
10. $99{,}999 - f = 9898$
11. $g \div 321 = 123$
12. $\$101.00 = 2h$

图 4-38 《进步数学》（Progress in Mathematics）中的解方程图示

在求未知数 x 这部分知识中，教材还特意介绍了尝试法，并且与前面所介绍的四则关系法联系，鼓励学生用多种方法解方程。在尝试法之后介绍了检查环节。因为这是通过尝试得出的结果，所以检查是非常有必要的，

4 教材比较研究与启示

比起我们按部就班地讲解检验的必要性，这样更符合学生的思维特点。它的检验格式非常简单好学，先把原来的方程抄写一次，然后再用得数替换原来方程中的字母即可，这更符合学生的认知水平。

此外，教材安排了四道例题来说明如何用等式的性质解方程，"说明"中的"…the same number from both sides"就是"两边同时操作"的意思。第一道例题是关于加法数量关系的方程式，教材没有直接用四则运算各部分之间的关系，也没有直接用尝试法，而是在方程两边同时减去了4117，并且在旁边用箭头解释了其中的道理，在方框里说明了"方程两边同时减去一个数，等式成立"。但是教材并没有出现"等式的性质"这一概念，反而是用"加法和减法是互逆运算"来解释"两边同时减去4117"的原因，即"Remember: Addition and subtraction are inverse operations"。在检查这个环节的第二步中的"="上面加了一个"?"，这个"$\stackrel{?}{=}$"符号我们还没有见过，它的意思应该是"是否相等"，第三步用"="把计算出来的得数连接起来，表示方程的解是正确的，并用"true"这个词来说明。（如图4-39）这个词也就是我们教材检验中的"所以,$x=$（ ）就是原方程的解"这一步。

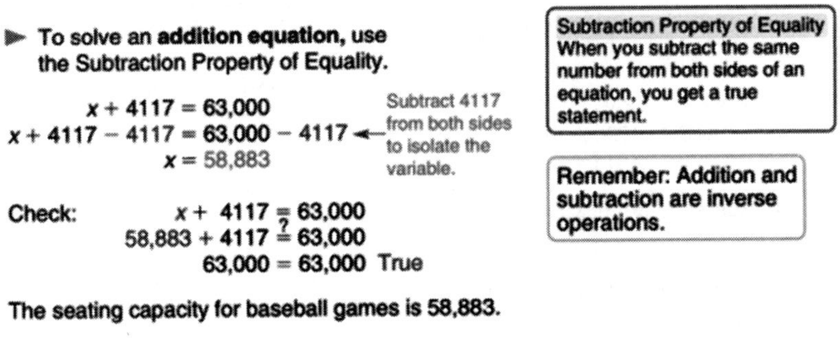

图4-39 《进步数学》（Progress in Mathematics）中的解方程图示

第二道例题是关于减法数量关系的方程式，教材采用了和第一道例题同样的方法解方程、检验。方程两边同时加上了3.9，并且在旁边用箭头解释了其中的道理，在方框里说明了"方程两边同时加上同一个数，等式成立"。（如图4-40）

▶ To solve a **subtraction equation**,
use the Addition Property of Equality.

$f - 3.9 = 5.2$
$f - 3.9 + 3.9 = 5.2 + 3.9$ ← Add 3.9 to *both* sides to isolate the variable.
$f = 9.1$

Check: $f - 3.9 = 5.2$
$9.1 - 3.9 \stackrel{?}{=} 5.2$
$5.2 = 5.2$ True

Sarah's fish weighed 9.1 lb.

Addition Property of Equality
When you add the same number to both sides of an equation, you get a true statement.

图 4-40 《进步数学》(*Progress in Mathematics*) 中的解方程图示

第三道例题是关于乘法数量关系的方程式，第四道例题是关于除法数量关系的方程式，方法和加法、减法的相同。图 4-41 中右边的第一个方框的意思是"等式两边同时除以同一个数，等式成立"，第二个方框的意思是"乘法和除法是互逆的运算"，第三个方框的意思是"等式两边同时乘以同一个数，等式成立"。从第四道例题开始，教材给出了"Solve"这个词，也就是"解"。

▶ To solve a **multiplication equation**,
use the Division Property of Equality.

$2.6y = 4914$
$2.6y \div 2.6 = 4914 \div 2.6$ ← Divide *both* sides by 2.6 to isolate the variable.
$y = 1890$

Check: $2.6y = 4914$
$2.6 \cdot 1890 \stackrel{?}{=} 4914$
$4914 = 4914$ True

The spacecraft weighs 1890 lb on Earth.

Division Property of Equality
When you divide both sides of an equation by the same number, you get a true statement.

Remember:
Multiplication and division are inverse operations.

▶ To solve a **division equation**, use the Multiplication Property of Equality.

Solve: $\frac{x}{14} = 192$ ← division equation

$\frac{x}{14} \cdot 14 = 192 \cdot 14$ ← Multiply *both* sides by 14 to isolate the variable.
$x = 2688$

Check: $\frac{x}{14} = 192$
$\frac{2688}{14} \stackrel{?}{=} 192$
$192 = 192$ True

Multiplication Property of Equality
When you multiply both sides of an equation by the same number, you get a true statement.

图 4-41 《进步数学》(*Progress in Mathematics*) 中的解方程图示

4 教材比较研究与启示

需要说明的是，教材用不同的方程分别说明加法、减法、乘法、除法的方程应该怎样解，并强调了用互逆关系解方程。看似是运用于等式的性质，又不同于等式的性质；看似是运用了四则运算之间各部分的关系，又不同于它们之间的关系。

接着，我们再来看一看美国教材中是怎样处理未知数在减数的位置上的解方程题目的。（如图 4-42）教材安排了两道例题用两种方法来解方程。第一种方法是用减法各部分之间的关系来解方程的；第二种方法是用等号两边同时减去"k"这个字母来解方程。教材把同时加上一个数和同时加上一个未知数分开进行教学，一个数指的是"a number"，一个未知数指的是"a variable"。这一点也是值得我们借鉴的地方。

Solve: $3125 - y = 1527$

When the subtrahend is the unknown, use a related fact to find its value.

Related Subtraction Facts:
$a - b = c$ and $a - c = b$

$3125 - y = 1527$
$3125 - 1527 = y$ ← Write the related fact.
$1598 = y$ ← Simplify.

Check: $3125 - y = 1527$
$3125 - 1598 \stackrel{?}{=} 1527$
$1527 = 1527$ True

图 4-42 ①《进步数学》(Progress in Mathematics) 中的解方程图示

▶ You can add a variable to both sides to solve an equation.

$\frac{6}{7} - k = \frac{2}{7}$ ← k is subtracted from $\frac{6}{7}$.
$\frac{6}{7} - k + k = \frac{2}{7} + k$ ← Add k to both sides.   Inverse Property of Addition
$\frac{6}{7} = \frac{2}{7} + k$ ← Simplify. $k - k = 0$
$\frac{6}{7} - \frac{2}{7} = \frac{2}{7} + k - \frac{2}{7}$ ← Subtract $\frac{2}{7}$ from both sides to isolate the variable.
$\frac{4}{7} = k + \frac{2}{7} - \frac{2}{7}$ ← Use the Commutative Property of Addition to rewrite $\frac{2}{7} + k$ as $k + \frac{2}{7}$.
$\frac{4}{7} = k$, or $k = \frac{4}{7}$

图 4-42 ②《进步数学》(Progress in Mathematics) 中的解方程图示

最后，教材只用一道例题讲解了稍复杂的带有小括号的方程式的解法。（如图 4-43）

$$\begin{aligned}
\text{Solve: } & a - (29 + 3.1) = 5.3 \\
& a - (29 + 3.1) = 5.3 \\
& a - 32.1 = 5.3 \\
& a - 32.1 + 32.1 = 5.3 + 32.1 \\
& a = 37.4 \\
\text{Check: } & a - (29 + 3.1) = 5.3 \\
& 37.4 - (29 + 3.1) = 5.3 \\
& 37.4 - 32.1 \stackrel{?}{=} 5.3 \\
& 5.3 = 5.3 \text{ True}
\end{aligned}$$

图 4-43 《进步数学》(Progress in Mathematics) 中的解方程图示

> **思考**
>
> 通过对美国小学数学教材解方程内容的了解，你觉得我们应该从美国教材中学习些什么呢？你是否可以尝试着把中国教材和美国教材做一个简单的对比研究呢？

　　本章我们对解方程教学内容做了比较深入的横向、纵向比较研究。看起来很简单的解方程教学，不同的编排反映了不同时代的不同教学理念，也反映了不同地域的不同思维方式。合适的就是最好的。在符合自身条件的基础上，适当借鉴其他教材编写特色，形成我们自己独有的、遵循历史发展规律的、遵循儿童思维发展规律的教材体系，是我们进行教材比较的最终目的。同时，一线教师进行教材比较能够开阔自己的教学视野，从而补充现有教材中的一些不足，让自己的教学更完整、更有趣、更有远见。

5 解方程的学情调查研究

> **思考**
> 你知道为什么要进行学情调查研究吗?

学情,顾名思义,就是学生的学习情况。教师教的目的是促进学生的学,如果教师的教与学生的学没有有效地融合,那么教师的教就是无效的。所谓"以学定教",就是根据学生的学习情况开展教师的教学实践。

我们知道,不同的学生学习同一内容的知识会出现不同的效果,同一份教学设计在不同的学生群体中实施也会出现不同的情况,这正是教师工作的创造性所在。我们经常看到名师的课堂上,各种奇思妙想层出不穷,羡慕之余也想学习。于是在自己的课堂上照搬名师的教学设计,结果发现效果不佳。有时候,名师课堂上的一个环节就足以让我们分解成好几个部分来上一节课。原因在哪里?学情!学生的知识基础、经验积累、语言表达,等等,都会一览无遗地在课堂上呈现出来。即使是名师,在城区学校上课和在山区学校上课也是大不相同的,这就是学情。

怎样了解学情呢?前测是一个很好的工具。如果是给陌生的班级、学生上课,最好精心地、全面地设计前测,并进行深入细致的分析,根据分析做出符合学生实际情况的教学设计;如果是给自己班的学生上课,那就没有必要花费大量的时间和精力去做这件事情,因为你对学生的学情应该是了如指掌的,而且学生每天练习中的典型错例其实就是其学情体现。

学生的认知起点是指学生在学习某个新的知识点之前已经具备的与之相关的生活经验基础和知识经验基础。虽然这些基础因为学生个体差异而不同，但是同一年龄段、同一区域、同一班级的学生在学习同一个知识点的时候一定会有许多共同的优势与不足，这也就为我们寻找学生的学习起点提供了依据。平常的教学工作中，我们在备课时往往凭借经验去分析学情。我们总是会讨论，之前的学生在学习这个知识点时，会出现哪些典型错例，会遇到哪些思维障碍，等等。但是针对陌生的班级，学生的情况又是怎样的呢？前测这一工具为我们研究学情提供了帮助。运用前测，对即将学习某个新知识点的学生进行学情分析，从而找到适合他们认知的学习起点，选择适合他们学习的教学起点。从这两个起点出发，在40分钟的课堂之旅中，带着学生看他们想看的美丽风景，经历他们未曾经历的曼妙时光，也让教师在和不同学生的同一旅途中获得不同的感悟，提升教师的职业幸福感。

本章以解方程为例，从前测和后测两个不同的维度进行学情调查分析。一是对人教版和浙教版教材中解方程教学内容的前测分析，二是对不同阶段的解方程典型错例进行分析。通过对其进行前测和后测分析，找到一些解方程教学的共性，为有效教学提供支持。

5.1　人教版2013年版教材解方程内容的前测研究

5.1.1　人教版2013年版教材解方程内容的渗透教学

> **思考**
> 你知道在人教版教材中，解方程教学在五年级之前是怎样渗透的吗？

在编制前测之前，我们有必要对教材中解方程教学知识的孕伏做一简单的梳理，相当于对学生已有的知识经验做简单了解。因为任何知识点都不是凭空出现在教材中的，都有它的"前世"。了解了这个知识点的来龙去脉，我们才能从整体的角度设计我们的教学，所谓"既要见树木，更要见森林"，便是这个道理。

翻阅了2013年人教版一至四年级的教材，笔者惊奇地发现，那种需要反复利用四则运算关系来求未知数的习题大量减少，即使在四年级学习四则运算各部分之间关系的期间，教材中也没有出现带括号形式的求未知数的习题。笔者认为这个改变应该是源于五年级教材中用等式的性质解方程的编排，编者不想用大量的习题加深学生用四则运算之间各部分的关系求未知数的印象，为学习用等式性质解方程做充分的准备。笔者选取了几道比较有代表性的题目，来了解学生学习解方程的知识基础和已有经验。

（1）一年级上册教材的习题中是如何渗透解方程相关内容的

2013年人教版小学数学第一册第81页第7题是第一次出现用逆思维来填方框中的未知数的题目，目的是检验学生对20以内数的组成以及20以内加法掌握的熟练程度。既然要达到熟练的程度，笔者建议教师在这道题目的反馈中尽量不要教学用减法来填方框，最好是要让学生直接从加法的算式中去想出方框中的得数。

$$7+\square=10 \qquad 10+\square=12 \qquad 11+\square=13$$

比如教学 $7+\square=10$ 的反馈教学可以分为以下几步。

第一步，让学生想一想：这个□还可以用什么图形或者符号来表示？学生会想到很多图形，如 $7+\Delta=10$，$7+\bigcirc=10$，$7+\bigstar=10$ 等带有图形的式子；如 $7+A=10$，$7+a=10$，$7+b=10$ 等带有字母的式子。图形的式子学生容易想到，字母的式子学生不容易想到，教师可以启发学生把字母看作图形，用学过的拼音字母来代替□。让学生明白，这个□所在的地方除了不能用数字来表示之外，可以用自己喜欢的任何一个图形来表示。

第二步，让学生自己写几个这样的式子。□可以在第一个加数的位置上，也可以在第二个加数的位置上，还可以在和的位置上。如果在和的位置上，就是我们已经学过的加法算式求和；如果在加数的位置上，就是我们这道练习题要学习的知识。

第三步，反馈学生在□里填的数。反问学生：□里为什么填3？可以填1吗？可以填2吗？可以填4吗？为什么只能填3？因为只有 $7+3=10$。你能说出几个和是10的算式？让学生说出 $1+9=10$，$2+8=10$，$4+6=10$，$5+5=10$ 等算式，在填□的过程中复习和是10的加法算式。

《 解方程教学研究

第四步，让学生思考：为什么□可以用不同形状的图形代替？为什么□可以用不同的字母代替？为什么□不能用不同的数字来代替？让学生明白：图形和字母都可以表示不知道的数，不知道的数有一个专门的名字叫"未知数"；而数字1，2，3…这些数是知道的数，是确定的数，也有一个专门的名字叫"已知数"。

通过这样的教学，可以给学生一个初步的用图形和字母表示数的印象，可以让学生对数和图形在数学中的表示有一个大致的了解，可以复习加法算式，熟练20以内的加法。可谓一举多得。

在该教材第108页中又出现了一道这种形式的题目。（如图5-1）这个时候的题目就更加丰富了，有加有减，未知数的位置也不相同，教学时不仅可以用加法算式和想加法算减法的方法来反馈，还可以用估一估、试一试的方法来反馈。总之，方法多样化，会减弱逆向思维给今后解方程教学带来的定式障碍，为学生顺利学习解方程打下良好的基础。

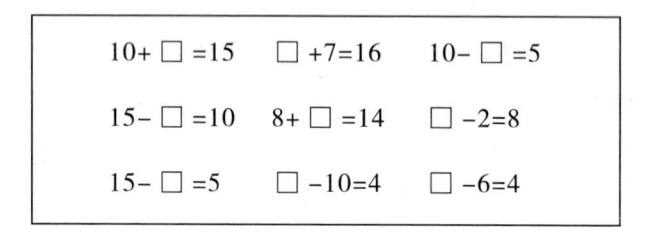

10+□=15	□+7=16	10-□=5
15-□=10	8+□=14	□-2=8
15-□=5	□-10=4	□-6=4

图5-1　2013年人教版小学数学第一册第108页第9题图示

― 思考 ―
对于这种类型练习题，你在日常教学中是怎样教学的？你觉得采用哪种教学方式更好一些？如果你只是把这些题目当作练习题，得数对就可以的话，是否可以借鉴一下本书中的一些方法呢？

（2）一年级下册教材的习题中是如何渗透解方程相关内容的

2013年人教版小学数学第二册第50页第8题的习题形式与第一册相比有了很大的不同。（如图5-2）题目不再是等号左边为一个式子右边为一个数，而是等号左边为一个数右边为一个式子。虽然只是式子和数位置之间的交换，看似简单，却渗透着对等号代数意义的初步了解。

$$25=20+\square \quad 50=51-\square \quad 99=90+\square$$
$$33=\square+\square \quad 60=62-\square \quad 79=\square+\square$$

图 5-2 2013 年人教版小学数学第二册第 50 页第 8 题图示

该册教材第 84 页编排了一道既有等式也有不等式的题目。（如图 5-3）等式中的□只能填固定的一个数，因为这个数是唯一的；不等式中的□可以填不同的数，只要符合题目即可。可以看到，这道题目中出现了 $25+\square=25-\square$ 的等式，这是人教版教材第一次出现等号左右两边都需要填未知数的题目。这道题目在教学中如果被一带而过的话，就只用告诉学生算出等号左右两边的得数就行了，至于为什么不能用数和数进行比较，可能许多学生并不懂。

在□里填上合适的数。

$$36+\square=43 \quad \square-50=16 \quad 25+\square=25-\square$$
$$10+30>\square \quad \square-8<28 \quad \square+9>24$$

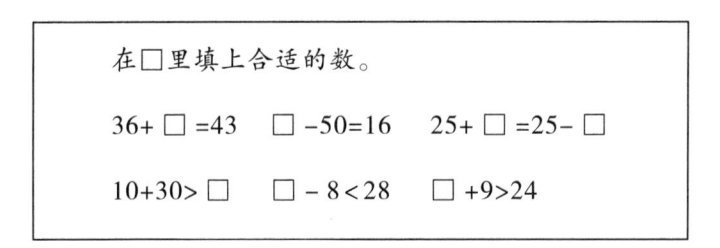

图 5-3 2013 年人教版小学数学第二册第 84 页第 13 题图示

> **思考**
> 如何教学这类题目呢？相信你也一定有自己的教学实践和体会。不妨也尝试一下把这些练习题当作有价值的资源来设计教学哦！

（3）二年级教材的习题中是如何渗透解方程相关内容的

2013 年人教版小学数学二年级下册第 25 页第 9 题是关于乘除法计算的求未知数的题目。（如图 5-4）这道题目没有用一年级学生常见的□来表

085

示未知数，而是用一朵花表示未知数，以此来说明花朵这个图形可以用来表示未知数。

```
□盖住的数是几？

12÷□=3     □÷3=6     16÷4=□

□×5=20     6×□=36    2×□=10
```

图 5-4　2013 年人教版小学数学二年级下册第 25 页第 9 题图示

教学这道题目同样可以四步走。第一步，问学生一朵花表示什么。第二步，让学生思考：把一朵花换成一个□可以吗？还可以换成什么图形？第三步，学生自主尝试。第四步，师生总结，说明一朵花代表了一个不知道的数，我们可以把一朵花换成自己喜欢的一个图形或者一个字母。

该册教材第 58 页第 4 题可以看作是求两步计算中未知数的题目。比起前面出现的那些一步计算求未知数的题目来说，又稍微复杂了一些。（如图 5-5）

```
小明在计算"6+□×5"时弄错了运算顺序，先算加法后算乘法了，结果得数是 40。正确的得数应该是多少？
```

图 5-5　2013 年人教版小学数学二年级下册第 58 页第 4 题图示

这道题目可以写成（6+□）×5=40，先求出□里的数，再把求出来的得数填在□里验算。求□里的数是多少，相当于求未知数，其实就是解方程的前身。教学的时候，首先，可以让学生思考（　　）×5=40，而不是直接教给学生用 40÷5 的方法，可以让学生背一背 5 的乘法口诀，这样既复习了 5 的乘法口诀又用顺向思维填出了（　　）。当然，如果有学生自己发现了用除法求出（　　）的方法，那是最好的。其次，思考 6+□=8。最后，得出□=2。

> **思考**
>
> 通过分析这些习题，你一定可以用一条线把它们串起来，那就是低年级代数思维的渗透。笔者在一年级曾经做了一个小尝试，即尝试在一年级用代数的思维教学等号的代数意义。

（4）一年级如何渗透等号的代数意义

在一年级教学等号时，2013年人教版教材中的"3=3"是通过3只猴子和3只桃子——对应的数量相等得出的。我们以为关于等号的学习可能就这么一次，即等号表示的就是相等的意思。"等式"这个词最初出现是在2013年人教版小学数学五年级上册"简易方程"这个单元里。教材的插图是一幅天平图，天平左边的托盘里放着2个50 g的砝码，右边托盘里放着1个100 g的砝码，天平保持平衡。下面有一个"50+50=100"的式子，通过小精灵的一句话"这是一个等式"完成了对等式的介绍。对于"50+50=100"这样一个一年级孩子也会写的式子，教材没有任何别的说明，直接告诉了我们它是一个等式。那么，到底什么是等式呢？等式的样子都是一样的吗？等式的核心意义是什么？等式中的等号和我们一年级教给学生的等号的意义是相同的吗？在这之前，我们应该给学生渗透哪些关于等式的知识呢？本节课，我们试图让学生在直观的天平图示中，通过观察、模拟、想象、推理等活动，经历等号表示左右两边相等关系的抽象过程，体会等号的另一种含义，丰富学生对等号意义的理解，渗透等号的代数意义。

【课前思考】

①关于课题的确定。

教材中没有与之相关的标题，也没有单独的、与之相关的例题。在一年级就把"等式"这个词介绍给学生，笔者觉得学生会有些难以理解。一年级上学期遇到"3+5=□-2"这类题目时，多数学生在□里填"8"。因为等号左右两边是两个算式，所以当时给研究课定的课题是"相等算式"。一年级下学期遇到"30-□=22+□"这类题目时，部分学生在第一个□里填"8"，第二个□里乱填，因为30-8=22。"3+5=□-2"，可以通过先计

《 解方程教学研究

算左边的得数再通过逆运算得出右边□里的数；而在"30-□=22+□"中，有两个未知数要填，无法确定等号左右两边的得数。即使用教学参考书中提示的尝试法，学生也要明白这个等号表示的不是等号左边两个数计算的结果，而是左右两边相等的关系。而且除了尝试，我们是否还能有另外一种思路帮助学生跳出计算的条框，让学生从等号左右两边的关系出发而不是从得数出发完成填空呢？于是我们把课题从"相等算式"改为"相等式子"。虽然只有一字之差，但体现的理念却是从计算结果到寻找关系的转换。而且，从某种意义上讲，相等式子就是等式。这个式子可以是一个数、一个字母，可以是数和运算符号连接起来的算式，还可以是字母、数、运算符号连接起来的代数式。虽然课题名称是"相等式子"，但是在教学中还是提到了"等式"这个词。

②关于前测的分析。

为了确定符合学生目前思维水平的教学目标，我们对全年级378个学生进行了前测。前测题目如下：

a. 把0，1，2，3，4，5，6，7，8，9十个数字填入□里，每个数字只用一次。

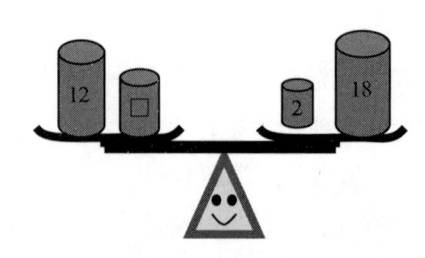

□+□=□+□=□+□=□+□=□+□

b. 15-8=□-□=□-□=□-□=□-□=□-□

c. 在同一个算式的□里填上相同的数。

12-□=6+□   8+□=16-□

d. 看图填出方框中的数。□+□=□+□

e. 你会在下面天平两边的盘子里填数吗？每个盘子里最少填一个数，也可以填几个数。

088

5 解方程的学情调查研究

前测结果正确率统计表如下：

表 5-1　前测答题正确率统计表

题号	a	b	c	d	e
正确率	46.30%	52.34%	15.34%	65.34%	60.58%

从表 5-1 中可以看出，除了 c 外，其余题目的正确率或者接近 50%，或者超过了 50%。说明基本上有半数孩子能够看懂天平图示，并且对天平平衡表示和相等这一知识点已经有所感悟且可以适当灵活运用。

从学生做前测题目的情况可以看出：大部分学生能够在天平两边填上数字表示平衡（如图 5-6①），并且能够填出天平图示中的未知数，根据平衡的天平写出相等的式子（如图 5-6③）；部分学生会运用加法交换律把两个数交换位置后填在天平左右两边（如图 5-6②），会在天平左右两边填不同的数表示天平平衡（如图 5-6④、图 5-6⑥）；有的学生虽然会用不同的图形表示两边的数，但是很显然，填的数是不同的，正方形里多了"11""12"两个数，因为他认为不同的图形表示的数是不同的，尽管天平是平衡的（如图 5-6⑤）。

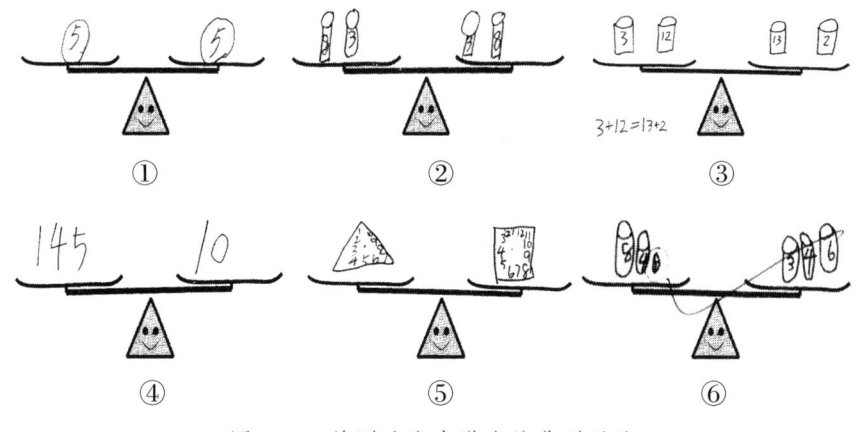

图 5-6　前测试卷中学生的典型思路

③关于目标的定位。

一年级上学期我们的研究课重在计算，通过确定得数来填空，对于等号的理解也是停留在得数相等的层面上。一年级下学期我们的研究课目标应该怎样定位，是对等号意义的再理解，还是一道题目的多种解题策略？是算术意义上的等号意义的重复，还是适当渗透等号的代数意义？哪一个目标对于学生来说既不是遥远的梦，可望而不可即，又不是曾经的路，重复而无新意？

前测之后，备课组对378份试卷进行了批阅、整理、统计、分析，并根据前测分析，确定教学目标如下：

第一，从生活现象出发，利用肢体语言模拟平衡与不平衡，抽象天平图示。初步理解平衡的意义。体会生活与数学的联系。

第二，利用平衡的天平图感知相等式子的意义，初步理解天平平衡与"="的关系，渗透等号表示两者之间相等关系的意义。初步渗透方程思想。

第三，以天平为支撑，初步渗透等式的性质，感悟等式形式的多样性，在解释等式的过程中，进一步阐述等号表示左右相等关系的意义。培养学生的逻辑推理能力，渗透转化思想。

教学重点是从不平衡到平衡的转化策略及规律。从不平衡到平衡，学生更愿意去尝试着想办法，这个任务驱动比从平衡到平衡更具有吸引力。教学难点是天平平衡与"="之间的关系。因为之前学生认识的等号是3只蚂蚁和3头大象在数量上的相等，这节课要打破这个思维定式，把3只蚂蚁和3头大象放到天平上说明它们在质量上是不相等的，这个说明是对学生思维的一个强有力的冲击。

【课堂片断】

片断一：抽象天平图示

师：大屏幕上的四张照片是老师上周末给小朋友留的家庭作业中四位小朋友的作品（课件出示图5-7），有的在玩跷跷板，有的在搭跷跷板。四张照片上有四个字（这四个字为"相等式子"，在出示了这四位小朋友的作品后出现在屏幕上），认识的小朋友读一读。

5　解方程的学情调查研究

图 5-7　四位小朋友的作品

生（齐）：相等式子。

师：相等式子和跷跷板有什么关系呢？今天我们先从跷跷板开始研究。猜一猜，它俩玩跷跷板结果会怎么样？（课件出示图 5-8）

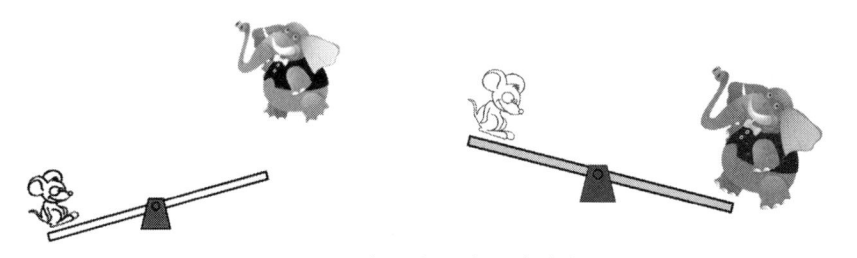

图 5-8　老鼠和大象玩跷跷板

生：老鼠被翘飞了天。（学生哈哈大笑）

师：为什么？

生：因为老鼠比大象轻很多。

师：是这样吗？（课件动态演示）用你们的手比画一下。

（有些学生两只胳膊弯曲一上一下比画；有些学生伸开胳膊一上一下比画）

师：会用一句话说出这幅图的意思吗？

生1：老鼠轻，大象重。

生2：左边的老鼠翘起来了，右边大象碰到地了。

师：也就是说，跷跷板的状态是不平衡的。你能用大于号和小于号再说一说这幅图的意思吗？

生1：大象大于老鼠，老鼠小于大象。

生2：大象比老鼠重，老鼠比大象轻。

师：加上体重，谁会说？

生：老鼠的体重小于大象，大象的体重大于老鼠。

师：猜一猜，如果是它俩玩呢？（课件出示图5-9）

图5-9 两只老鼠玩跷跷板

生1：因为它俩都是老鼠，所以它俩是平等的。

生2：小老鼠的体重等于另一只小老鼠的体重。

师：这个小朋友用了一个什么符号？

生（齐）：等于号。

师：为什么要用等于号？

生1：它俩都是小老鼠。

生2：因为它们的体重是一模一样的。

师：你怎么知道它们的体重是一模一样的？

生：因为跷跷板是平的。

师：你能用手比画一下平衡的跷跷板吗？

师：天平不平衡的时候，我们可以用">"和"<"来表示，天平平衡的时候我们可以用"="来表示。上周末，老师还留了一个作业，让大家用橡皮和尺子搭一个跷跷板。现在请大家搭一搭，要求两边什么也不放，而且还要是平的。

师：老师把你们的跷跷板"画"在了大屏幕上，变成了什么？（课件出示图5-10）

图 5-10　简易天平

生（齐）：天平。

师：观察一下，大屏幕上的简易天平和你们搭的跷跷板有什么相同的地方？

生：天平盘子下面是直直的，尺子也是直直的。

师：托盘下面的横梁是直直的，尺子也是直直的，你们的橡皮在哪儿放？

生1：在下面。

生2：在中间。

师：橡皮在中间，天平支撑的点也在中间。大家搭出来的其实就是一个简易天平。

设计意图：学生对天平已经有所感知，但仅仅停留在表层的理解上。天平从生活化到数学化的过程经历了四步。第一步是课前玩跷跷板积累生活经验，用橡皮和尺子搭跷跷板积累半生活半数学的经验；第二步是把跷跷板图的意思用数学符号表达出来，先启发学生用">"和"<"表示不平衡的跷跷板状态，再让学生通过迁移主动用"="表示跷跷板平衡的状态；第三步是用尺子和橡皮模拟两边什么都不放情况下的跷跷板，如果两边放东西的话，就会出现两边物体不一样重，为了达到平衡状态反复移动橡皮的现象。橡皮不在中间，无法实现天平图示的抽象；第四步是比较自己搭的跷跷板和天平图示的相同点，从而顺利实现天平图示的抽象，为后续用天平图示进行学习做好铺垫。

片断二：经历符号表达

师：这个天平左右两边放东西了吗？没有放东西用什么表示？（老师的手指向图 5-11）

《 解方程教学研究

生（齐）：0。

师：现在这个天平，用一个式子怎么表示？

生：0=0。

师：0=0是一个式子。虽然左边是一个数，右边也是一个数，但是，它是一个式子。

师：(课件出示图5-11)两只小老鼠坐上去了。你们还会用式子表示吗？请大家做练习题的第一题。

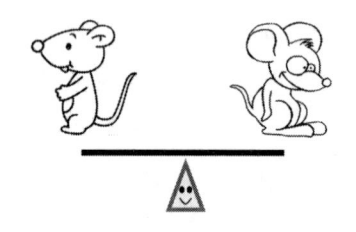

图5-11 两只老鼠坐在天平两边

师：为了让大家容易理解，老师在下面给出了两句话（课件出示图5-12），如果看不懂这两句话，请大家想一想：我把天平左边的小老鼠叫做什么？我把天平右边的小老鼠叫做什么？先把名字写在括号里，然后再在（ ）里写一个式子。(老师巡视，发现有代表性的写法让学生写在黑板上)

我用（ ）表示左边 的重量，

我用（ ）表示右边 的重量。

图5-12 用什么表示重量

师：请板书的同学分别说一说自己写的式子的意思。

生1：我用A表示左边小老鼠的重量，用B表示右边小老鼠的重量，A=B。

生2：我用B表示左边小老鼠的重量，用C表示右边小老鼠的重量，B=C。

5 解方程的学情调查研究

生3：我用△表示左边小老鼠的重量，用○表示右边小老鼠的重量，△=○。

生4：我用♥表示左边小老鼠的重量，用△表示右边小老鼠的重量，♥=△。

生5：我用○表示左边小老鼠的重量，用▬表示右边小老鼠的重量，○=▬。

师：这五位同学家的小老鼠名字是不是一样的？你家小老鼠的名字是什么？现在，你会给小老鼠起名字了吗？再给小老鼠起个名字，然后同桌互相说一说我用什么表示什么，谁等于谁。

师：我们为什么要给两只小老鼠起名字，不起名字行不行？

生：给它们起了名字后，可以好认一点。

师：给它们起了名字会很方便，当我们不知道这两个物体重量是多少的时候，可以用自己喜欢的符号或图形来表示。你能看懂老师这个符号的意思吗？

生：老师用△表示左边的小老鼠，用□表示右边的小老鼠。

设计意图：在平时的教学中为了解决相关天平图示问题，曾经用○表示葡萄，用△表示梨，用▬表示香蕉，等等。也用字母A和B表示过不同的不知道具体数量的物体。可以说，学生用字母表示物体是要有一定的学习基础的。为了让学生能够顺利经历用符号或字母表示物体的符号化过程，这里设了三个台阶，一是用两句话作为提示语言；二是用"起名字"这个富有儿童化的游戏进行启发，让孩子的思路能够迅速打开；三是请先想出来的学生在黑板上板演，给还是一头雾水的学生一点启示。事实证明，这三个台阶搭得比较有梯度，在学生拾级而上的过程中我们看到了他们思维的火花在闪烁。在让学生再创作符号表示两只小老鼠的时候，我们看到了他们更多的符号和字母表示方法。虽然一部分学生是模仿的，但是对于那些绞尽脑汁也想不出来的学生来说，模仿也是一种很好的学习方式。接着通过教师的追问，让学生体会起名字是为了好认一些，方便一些。方便简洁其实就是符号的一个主要功能。最后，利用老师提供的符号表示式子，

《 解方程教学研究

达到理解符号的目标。

片断三：理解等号含义

师：我们刚才为什么都用了等于号？

生1：因为天平两边是一样重的。

生2：天平横着的是平的。

生3：天平的杆子是平的。

师：当天平平的时候，我们就可以用等于号了。

师：这几幅天平图示能用等于号连接吗？为什么？（课件依次出示图5-13）

图5-13　小猫与小白兔玩天平

生1：第一个天平图不能，因为不平。

生2：第二个天平图不能，因为不平。

生3：第三个天平图能用等于号表示，因为天平是平衡的。

师：这位小朋友用了"平衡"这个词。（老师和学生一起用手比画平衡）你会用等于号说一说吗？

生3：猫等于三只兔子。

师：几只猫等于三只兔子？

生3：一只猫等于三只兔子。

师：你会用简便方法表示吗？把猫看作什么？把兔子看作什么？可以给它们起个名字。

生：猫可以看作月亮，兔子可以看作星星。

师：可以，一个月亮可以看作几颗星星？

生：可以等于三颗星星。

5 解方程的学情调查研究

师：接下来，我们一起来看第四幅天平图示，能用等于号连接吗？

生4：第四幅天平图示不能。因为又不平了。

师：你发现了什么？用等于号连接天平两边的物体，天平必须是什么样子的？

生：天平平衡。（学生比画）

师：天平平衡，两边怎么啦？（老师手势）

（有些学生说一样，有些学生说相等，有些学生说平等）

师：谁能像老师这样说一说"天平平衡，两边相等"。

生（齐）：天平平衡，两边相等。

师：快速判断，哪一幅天平图能用等于号连接？（课件出示图5-14）

图 5-14　天平图示

生：②、③、④。

师：几号图不能用等于号连接？为什么？

生：①号。因为天平不平衡。

师：（课件演示，删掉图5-9中①号图）说一说③号图中，谁等于谁？

生：两个梨等于一串葡萄。

师：能用符号表示吗？

生：A 等于 B。

师：A 和 B 分别表示什么？

生：A 表示左边的梨，B 表示右边的葡萄。

师：能看懂老师这个符号的意思吗？老师用△表示什么？一个△表示什么？2个△表示几个梨？等号右边少了个东西，你打算用什么来表示那串葡萄？把老师的等式说完整。

生：△ + △ = ○

师：谁能再重复说一次？

生（齐）：△ + △ = ○

师：②号图中的天平能用等于号说吗？

生：● 等于 ▲ 和 ★。

师：▲ 和 ★ 中间可以加一个什么符号？

生：● = ▲ + ★。

师：④号图用等于号怎么连？

生：50+2= □ -20。

师：现在请同学们和同桌用等于号再说一说②号图和④号图。

师：这些平衡的天平图示都能用等于号来连接。用等于号连接的式子都是等式。

设计意图：学生之前学的等于号表示的是物体之间数量上的相等或者算式之间得数的相等。这节课要让学生感悟的是基于平衡意义上的相等关系。不计算，不数个数，看到平衡的天平就会想到天平两边的相等关系。也就是黄升昊校长所说的"天平托盘似箩筐，只要平衡都可装"。理解基于平衡意义上的等于号的意义分为六个层次：第一个层次是从不平衡的">"和"<"到平衡的"="的初步感悟；第二个层次是用"0=0"这个式子表示平衡的天平两边什么都不放的情况；第三个层次是平衡的天平两边各放一只长得不一样的小老鼠，让学生用一个式子表示天平图示；第四个层次是通过一组相同图形的天平图示来巩固用符号化语言表达天平图示的方法，再进一步体会天平平衡与"="之间的联系，理解"="的代数意义。这里的符号化是对刚刚经历过的符号化过程的一次小练习，并且把式子拓展为一个符号等于两个符号的和；第五个层次是通过一组不同图形和算式的天平图示，再次巩固用符号化语言表达天平图示的方法，更深切地理解等号表示的是天平两边平衡的关系。这里是想让学生主动地用符号表示天平图示，并且把式子拓展为两个符号等于一个符号；第六个层次是运用等号的代数意义，同桌互说其他两个平衡的天平图示。最后总结出"天平平衡，

5　解方程的学情调查研究

两边相等"的代数意义。

片断四：运用等号含义

师：因为（图 5-14 中的）①号图不平衡，所以不能用等号，你能把它变成平衡的吗？

师：老师知道有些小朋友很能干的，还有些小朋友需要再想一想。老师给大家几个木块，帮助大家理解。数一数，这是几个木块？（课件动态演示图 5-15：6 个、3 个、9 个、2 个）

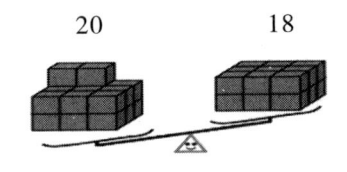

图 5-15　天平图示

师：左边 20 个木块，右边 18 个木块，请小朋友在练习纸上做题，想办法把不平衡的天平变平衡了，写上等式。（老师巡视，学生板演）

师：不会写的小朋友，先把黑板上的抄一抄，想一想，为什么是这样的？明白以后的抄写也是一种学习。同桌互相说一说，黑板上的那些相等的式子是什么意思？然后说一个抄一个，先说再抄。

师：看这两个式子，你发现了什么？（老师在学生刚才的板演上用红粉笔描，学生读出老师描出来的部分：左边加 1 右边加 3，左边加 3 右边加 5）

生：都是加法。

师：两边都加，为什么加的数不一样？

生：因为 18 比 20 少 2，所以加的数大 2。

师：18 加的数比 20 加的数多几个？为什么？

生：两个。因为 18 比 20 少 2。

师：20+74=18+□，为什么？

生：18+76。因为 18 要多加两个。

师：抢答。左边加 70，右边加几？左边加 10，右边加几？左边加 20，

《 解方程教学研究

右边加几？左边加18，右边加几？

师：18+20=20+18，你发现了什么？

生1：等号左边18加的数要比等号右边20加的数大2。

生2：数字重复了，只是位置不一样。

师：原来的两个数换了一下位置，天平依然是平衡的。

师：还发现了什么？（老师在学生刚才的板演上用黄色粉笔描，学生读出老师描出来的部分：左边减8右边减6，左边减2右边减0，左边减3右边减1）

生1：少2。

生2：右边比左边少2。

师：右边减的数比左边减的数少2，为什么少2？

生1：因为是减法。

生2：因为20大，要减的数多；18小，要减的数少。

师：大数减的数多一些，小数减的数少一些，它们依然是平衡的。

师：抢答。20减3，18减几？20减5，18减几？20减18，18减几？

师：找到这个规律，我们就能够通过加减让这个不平衡的天平平衡了。

师：现在还没写完的小朋友，自己再创造几个相等的式子，写一写，把练习框写满。争取和黑板上写的不一样。

师：小朋友用不同的方法让这个不平衡的天平变平衡，这样的方法有多少种？

生：好多种。

师：黑板上的这些式子就叫相等式子，这些等于号都表示什么意思？

生1：它们都是相等的。

生2：它们都是平等的。

生3：两边都是一样重。

师：今天我们学的等于号表示左右两边相等的关系。

设计意图：把不平衡的天平变平衡，学生会想出许多不同的方法。"天平平衡，两边相等"和"两边相等，天平平衡"是不同的，前者是丰富等号的意义,后者是用算术方法验证这个等号的代数意义。因为学生已经有了理解等号意义的基础,所以学生的表现非常出色,写出了很多不同的等式。像 20-18=2 和 20=18+2 这类一边加或者一边减的等式,大部分学生都会写,而像 20+1=18+3 和 20-8=18-6 这类等式学生还不太会。在这里,还是采用部分学生板演提示其他学生的做法,达到资源共享、启发思维的目的。老师在学生板演的题目中有意识地用红笔描出两边同加的式子,让学生读出来,并让学生在读的过程中感悟两边同加的数不一样在哪里;有意识地用黄笔描出两边同减的式子,并让学生在读的过程中感受两边减的数不一样在哪里,从而找到两边的关系,而不是一味地计算。在两次的抢答环节中寻找规律的同时寻找关系,寻找关系的同时体会等号的代数意义,初步渗透等式的性质。

片断五:巩固等号含义

师:看图,用一个相等的式子表示出来。(动态演示图 5-16,学生抢答)

20-2 = 18　　20 = 18+2　　20-1 = 18+1

22-2 = 18+2　　24-3 = 18+3　　26-4 = 18+4

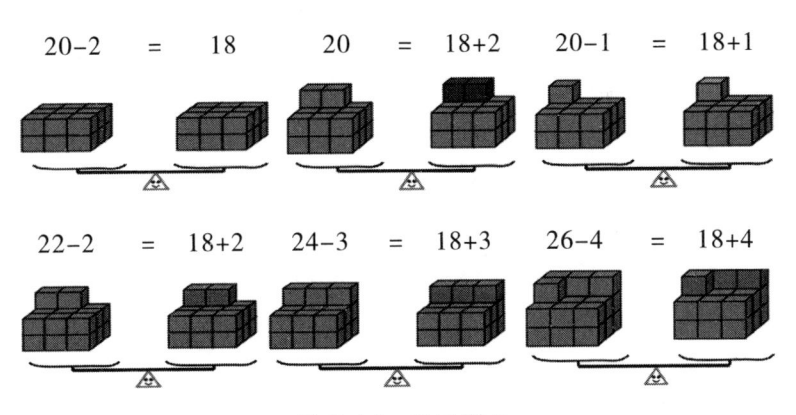

图 5-16　天平图示

师:22-2=18+2,2 是哪儿来的?
生:22 里边的 2 去掉的。
师:22 比 18 多几个?
生:多 4 个。
师:这 4 个在哪边?把 4 分成 2 和 2。一边减 2,一边加 2,两边平衡。

101

师：这幅天平图左边比右边多几个？同桌互相说一说，多的部分怎么办？

师：24-3=18+3，3是哪儿来的？

生：24比18多6，6的一半是3。

师：26-4=18+4，这个4又是哪儿来的？

师：把多出来的部分分成两个相等的数，放在天平两边，天平依然保持平衡。

师：这么多的相等式子说明了一个道理：天平两边是相等的，天平就是平衡的；天平是平衡的，两边就是相等的。今天我们学习了等号的另一种意思：等号可以表示左边和右边的相等关系。

设计意图：原来的教学环节设计考虑了学生自己写不出来等式的情况，在演示图5-16之后教学同加同减相同的一个数，天平依然平衡，最后演示差值等分的那几个课件图，让学生初步感悟多出来的部分经过差值等分后，天平依然平衡。令笔者没想到的是，在让学生把不平衡变成平衡的过程中，学生创造了那么多的等式。于是，笔者临时做出变动，把上一个环节改为学生板书教师描画，学生读出描画的符号和数字，找出两边的关系，用两边的关系而不是用计算的得数来创造平衡。为了让这个课件派上用场，临时改为看图说等式。把学生刚才的脑中想象用动态天平演示出来，既是对等号意义的再次巩固，又是对差值等分使天平再平衡的直观感受。为学生解决30-□=22+□这类题目提供另一种思路。

进一步思考，等号的认识是一个长期的经验积累过程，不是一节课就能完成的。关于天平的认识也不能只停留在和相等的阶段，还有差相等、积相等、商相等、分数值相等、比值相等，等等。如何借助天平这一直观的手段让学生理解平衡意义下的等号，这是一个值得思考的话题。抛砖引玉，但愿我们抛出的这块"低年级渗透代数思维"的砖能引发大家的思考，能激起大家对算术思维和代数思维的研究兴趣，能通过我们一线教师的努力减少学生学习方程的障碍，这就足够了。

（5）一年级可以渗透代数思维吗

2015年5月28日，《小学数学教师》杂志编辑部在杭州师范大学东城

5 解方程的学情调查研究

实验学校举行了"辨课进校园"第十九站活动。以"一年级渗透代数思维的教学探索"为主题，以"丰富等号的代数意义"为目标，开展了上课和辨课系列教学研究。其中的"辨课实录"经过笔者团队的整理发表在2015年第10期《小学数学教师》上。以下部分观点是从辨课实录中摘录出来的。

作为执教者，笔者对本次活动主题的确定做了简单的介绍。人教版一年级上册第64页有一道思考题："把0、1、2、3、4、5、6、7、8、9十个数填在□里，每个数只用一次。□+□=□+□=□+□=□+□=□+□"，多数学生填成①+②=③+④=⑦+□=□+□=□+□，后边的□里填的数可谓是五花八门。又如5=□+□，多数孩子填成5=5+□，后面这个□就空着；4+3=□-□，多数孩子填成4+3=7-□，后面的□还空着。上学期笔者所在备课组以此为研究点，由金丹老师执教上了一节《相等算式练习课》，是通过计算等号两边算式的得数完成填空的。在做人教版一年级下册第19页第8题时，孩子们的错误率又出现了反弹。还有一道题目是"从10、20、30、40、50、60、70任意挑选6个数填空，□+□=□+□=□+□"。仍然有孩子写成10+20=30+40=70+□，最后一个□里的数乱填。本次活动安排的这节课就是试图整合人教版一年级下册的相关内容，在上学期《相等算式练习课》的基础上再上一节这样的课，再次渗透等号的代数意义。在对全年级378个学生进行前测并分析之后设计了这节课。从课堂上看，很多地方出乎自己的意料。比如最后一组课件演示是为了帮助学生理解差值等分，在天平上再平衡时准备的，本想先看课件演示再讲解，结果一个学生把差值等分的结果一下子用等式表示出来了，所以临时把这个环节变为看课件演示后先说相等式子然后验证结果。等号在算术里表示计算的结果，在代数里表示相等的关系。对于等号意义的丰富并不是一节课就能完成的。后续的研究设想是二年级利用乘法口诀，三年级利用口算乘除法，四年级利用商的变化规律，五年级利用分数的基本性质，六年级利用比和比例的基本性质，等等，进行等号意义的再理解和再丰富。在日常教学渗透代数思维的同时，充分运用这些能够体现恒等思想的载体，每学期或者每学年集中上一节课来渗透代数思维。如果从一年级到六年级，我们都能够渗透等号的代数意义，当学生六年级、七年级进入代数世界的时候就不会感觉那么困难。试教的时候这样试过，在给出数字之后学生就会一直在数字里打转，像40=40，100=100。数字一定程度上阻碍了学生往符号或图形方面想的思路，担心数字的呈现会对学生的符号化产生负干扰，所以又把数字去掉了。一年级上册教学等于号时，人教版中的3=3是通过3只猴子的数量和3只桃子的数量相等得出的。但是这节课最关注的一个点是借助平衡的天平建立相等的关系，也就是看到天平是平衡的，不管两边放的是图形也好，算式也好，两边就是相等的。看到数字相等用等于号的话还是一种算术思维；看到天平平衡用等于号是一种代数思维，因为天平平衡是一种关系，左右平衡可以用等于号表示左右两边相等的关系。在让学生用符号或者图形表示天平两边小老鼠质量的时候，有的学生用"1=1"这样的式子表示，从等号表示数量相等的这个意义出发也是合理的。但是如果把1只大象和1只老鼠放在天平上呢？很显然，这两个"1"是不相等的。其实笔者的课件还有一个图片，就是一只大象和一只老鼠在天平上不平衡的状态，但是这张图片笔者没敢放出来。记得朱乐平老师提过这样的问题，三只蚂蚁怎么会和三只大象相等呢？人教版上册中3只猴子和3个桃子的相等是数量上的一一对应的相等关系，而我们今天想渗透的是等号的另一种意义，也就是平衡观念下等号的意义。一个是数量上的相等，一个是质量上的相等。

浙江省杭州市江干区教育发展院潘红娟老师认为，代数思想最重要的一个特质就是关系性思维，而关系性思维到五年级的时候需要用代数的方式来表征某一种关系，它具有一般化的性质。代数这个词本身就是以符号代表数的意思，因此符号表达能力是代数思维的一个重要方面。算术思维和代数思维两者间的关系是基础目标和发展性目标两者之间的关系。在基于本体性目标达成的基础上润物细无声地去渗透、积累代数经验，是否更好一些呢？渗透代数思维可以有很多个节点。在数的加减法计算中，如14-9=14-10+1，这其实就是一个等式；在数的组成和拆分中，如8=（　）+（　），这是在渗透等式的意义；在图形的推理中，如○ = △ + △，

□＝○＋○＋○，□＝(　　)个△，这是在渗透代数思想；在找规律的题目中，学生在表达规律时会说左边的数加上右边的数等于下面的数，这是渗透了一种模型，也就是 A+B=C；等等。

浙江省杭州市上城区教师进修学校罗永军老师认为，2+4=6 难不倒，□=2+4 就不会做了，这个小孩正不正常？正常。其实皮亚杰早就做过这方面的研究，要建立逆关系，小孩子大概要到 11 岁。算术思维关注的是从条件到结果的线性传递关系，代数思维是从左边到右边的关系性思维。代数思维和代数也不大一样。举个例子，$x+x=2x$，是代数但不是代数思维，它还是算术运算。今天两节课中最大的突破是从数等于数到式等于式，这是算术思维向代数思维转换的一个标志。从思维的角度上讲，代数思维对学生来说更多的是一种思维习惯，可以贯穿小学的各个阶段。课标中的"数与代数"就是想把算术和代数结合起来，否则就不叫"数与代数"了。从大的范围来讲，带变量的算术就是代数。这个事情罗老师还请教了曹培英老师，算术就是代数的基础。罗老师还给大家介绍了 2011 年的弗赖登塔尔奖的获得者路易斯·雷德福（Luis Radford），这是一位长期研究早期代数思维的人，他经过长达 5 年的跟踪研究证明早期代数思维是可行的。国外最新研究作为结论表明：代数思维可以从幼儿园开始。今天仅仅是一个个例，怎么形成一条线索，形成一条课程链，是值得我们思考的。用数学模型来表示等量关系，就像今天用天平表示量的相等就是等值的渗透，也是代数思维的萌发。今天有个学生发现，左边放 2 和 8，右边放 7 和一块橡皮，天平也是平衡的。橡皮充当了结构中的一部分，关系中的一部分。

浙江省杭州市上城区教师进修学校邢佳立老师说，3+○=7 是一种可逆思维；3+7○10+2 就要考虑两边的关系。邢老师还认为后者更接近于我们今天要渗透的代数思想。硕博论文的几篇文章中都提到，七年级学生在算术思维向代数思维转换的过程中，等号往往是理解的一个难点，这是学生原有的或固有的思维定式对孩子造成的影响。这种思维定式是天生的吗？是小孩子一出生就有的吗？还是因为学生一开始学习等号就用它表示计算的结果，先入为主造成的呢？一年级渗透代数思维其实是代数思想的萌发。从两节课上看，学生理解等号这件事并没有我们想象得那么难。如果一年级我们就有对等号平衡意义的理解，到了七年级以后是否就不会有那种固有的思维定式的阻碍呢？这也是低年级渗透代数思维的价值。

浙江省杭州市江干区教育发展院田小勤老师举例说明了对这一问题的看法。"原来树上有 10 只小鸟，飞走一些，还剩 4 只，飞走了几只？"大多数学生会写成"4+6=10"或者"10-6=4"。因为规定要把算出来的结果放在等号的右边，学生这样的列式计算通常会被批成错误的。其实（ ）+4=10，括号里填 6 只，这个带括号的算式就是方程的一个雏形。为什么不行呢？如果着眼于代数思想，学生把未知的数用来参与运算，就是一种代数思维的体现。今天的课给田老师最重要的一点感受就是打破定式。要打破学生对等号的思维定式，即算式在左边，得数在右边；要打破老师的思维定式，认为代数思维是中学老师的事情，跟我们小学老师没有太大关系。翻了一下一年级下册的教材，除了李老师选择的题目以外，还有好多题目可以指向今天的目标，比如第 19 页第 8 题。一个是树叶加 9，一个是 6 加树叶，一个是 5 加 8，做完以后能不能让学生看一下算出来的都等于多少，然后利用等式的传递性，让学生感悟式也可以等于式。即使两边算式中的数字是不一样的，因为结果相等，它们的关系就是相等的。

其他参加辨课的专家和老师纷纷发表自己的观点。有的认为，渗透代数思维的目标其实更多地指向四基中的另外两基。浙教版一年级我们就在教 2+✿=5，✿=（ ）；2=△-7，△=（ ）。虽然一年级教得很辛苦，但是到了四年级孩子学习方程的时候，明显感觉到难度不是那么大了，可能就是从小渗透代数思维的缘故。有的认为，低年级渗透代数思维的话题还有很多可谈的地方，还有很多困惑，也还有很多想法。怎样开展实际的教学工作，有待大家的不断思考和实践。

> **思考**
>
> 　　这个案例只是我们的一个小小的尝试，你认为这样的尝试是否值得？如果让你来参加辩课，你会发表什么样的观点？

5.1.2 人教版2013年版教材解方程内容的前测试卷编制

（1）编制前测试卷之前的教材分析

> **思考**
> 前测试卷的编制是需要花心思的。你觉得编制解方程的前测试卷需要考虑哪些因素？

人教版2013年版教材把解方程这一内容安排在五年级上册《简易方程》这个单元里，并且增加了等式、等式的性质等相关内容，意在加强教师用等式的基本性质教学解方程的意识和能力。根据《义务教育数学课程标准（2011年版）》的要求，在小学阶段引入等式的基本性质，并以此为基础导出解方程的方法，不仅有利于改善和加强中小学数学教学的衔接，而且有利于学生代数思维习惯的培养。

在解方程这部分内容的编排中，教材一改以往从现实情境引出方程然后再教学解方程的编排方式，而是单独编排了五道例题作为解方程的教学内容。编者有意把列方程与解方程分开，是想凸显解方程整个过程的方法、步骤、格式。因为列方程需要的是等量关系的构建，解方程需要的是代数运算的一些技巧。人教版2013年版教材中解方程的内容编排，充分借助实物直观、几何直观，发挥数形结合的优势，帮助学生理解方程变形、求解的过程。教材中的五道例题不仅类型上更加全面，而且层次上更加清晰。例题类型从简单到复杂，教学过程从直观插图讲解到自主抽象探索，五道例题层层推进，互相转化，形成了一条前后联系紧密的体现转化思想的教学链。解方程的过程实际上是一连串依据等式性质的演绎推理过程，最终将原方程转化为与其等价的"$x=?$"的形式。"$x=?$"是方程变形的目标。

前测主要的目的是了解学生已有的知识经验基础和可能遭遇的困难，并通过分析给我们的教学设计提供支撑。前测题目的编制不仅要体现前因后果，还要体现学生的思维过程，尤其是在学习新知识的时候，要清楚哪一个知识点让学生难以接受及其原因。只有了解了学生真实的想法，

《 解方程教学研究

才能在课前充分预设学生的学习状态,才能在课堂上有针对性地实施突破难点突出重点的教学。所以编制前测试卷时要特别注意设计一些能够充分暴露学生思维过程的题目。

(2)编制前测试卷

> **思考**
>
> 笔者编制的前测试卷题目选自人教版2013年版小学数学五年级上册,原因在于教材中的题目是专家千挑万选的,能够比较全面细致地展示学生的思考过程。选择这些题目进修前测就相当于让学生进行一个稍微花点心思的预习一样。当然,如果你有更好的前测题目以及编制这些前测题目的理由,那是最好的。你觉得以下的题目是否可以作为解方程的前测题目呢?你有更好的题目吗?

1. 看图思考。

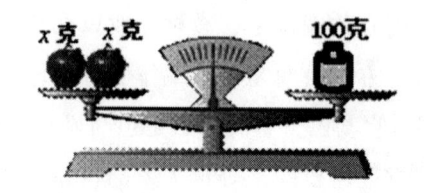

①看图写等式,能写几个写几个。

②你认为哪个等式最容易理解?为什么?

③知道 x 的值是多少吗?写出想的过程。

编制意图:该题是教学方程的意义的一道练习题,目的是考查学生能否看懂天平实物图意,能否写出正确等式,能否根据天平的平衡意义判定哪个等式最容易理解,能否用自己的方法求出方程的解。

2. 画图思考。

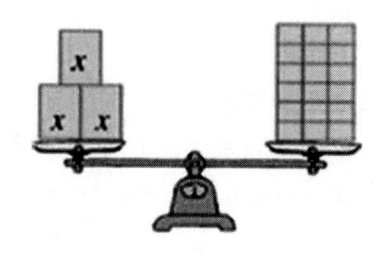

5 解方程的学情调查研究

①看图写出你认为最容易理解的等式。

②你知道 x 的值吗？能在图上画一画表示出想的过程吗？

③你能把求 x 的过程完整地写下来吗？

④想的结果对吗？怎么检验？能写一些吗？

编制意图：该题是人教版 2013 年版小学数学五年级上册第 69 页例 2。目的是考查学生能否根据天平直观图示和天平的平衡意义写出方程，能否在天平图示上画出解方程的过程，能否结合操作写出解方程的过程并尝试检验。

3. 你能用几种方法求下面 x 的值。

$x+3=9$

方法一：　　　　　　方法二：　　　　　　方法三：

编制意图：该题是人教版 2013 年版小学数学五年级上册第 68 页例 1，但是没有天平图示辅助。因为数据比较小，所以学生根据以往的经验能直接求出 x 的值。这里是想考查学生能否主动想到用等式的基本性质解方程，所以鼓励学生用多种方法求解。

（3）关于前测试卷的个别访谈

> **思考**
>
> 你进行过前测试卷的个别访谈吗？你认为个别访谈的作用是什么？你觉得个别访谈的问题需要精心设计吗？

在学生学完用字母表示数、方程的意义、等式的基本性质之后，利用 20 分钟的时间对笔者所在学校五年级的 280 个学生进行了统一测查。之后翻阅答卷找到比较有特点的试卷，确定个别访谈对象。因为测查的第二天就要学习解方程的知识，所以在试卷多、时间短的情况下，选取的样本不一定能够代表某一类学生的真实水平，但是访谈确实能够摸清学生的真实想法。本次前测访谈选取的对象基本上都是学习有困难的学生。

访谈 1：

《 解方程教学研究

① 看图写等式，能写几个写几个。

1克+99克=100克　　7克+93克=100克
2克+98克=100克　　8克+92克=100克
3克+97克=100克　　9克+91克=100克
4克+96克=100克　　10克+90克=100克
5克+95克=100克　　50克+50克=100克
6克+94克=100克

图 5-17　学生 1 答卷中的部分试题

问：（如图 5-17）你写了这么多的等式，这样写下去能写好多呢。（学生 1 面露喜色）这个 1，你是怎么想到的？99 呢？

答：天平右边告诉我们是 100 了，所以我想只要两个数加起来是 100 就可以了。

问：那你知道图上的两个 x 表示什么吗？

答：x 就是不知道的意思。我们不知道这个 x 是多少，所以我可以假设它是不同的数。只要这两个数合起来是 100 就行了。

问：如果不让你假设成两个具体的数，你会用 x 来列方程吗？

答：（思考良久）那只能写成 $x+x=100$ 了。但是这个 x 是不知道的呀！

问：那你能看着图说一说两个 x 之间的关系吗？（学生 1 摇头）

分析：该学生对字母 x 的认识就是将它视为不知道的数，所以可以把 x 假设成不同的数。面对天平实物图示时，她不能够写出正确的方程，不理解 x 在图中表达的意思，甚至也不知道两个 x 表示的物体是相同质量的。这种情况会给解方程造成很大麻烦。

访谈 2：

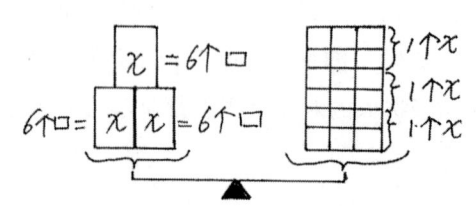

图 5-18　学生 2 答卷中的部分试题

5 解方程的学情调查研究

问：(如图5-18)你在图上用大括号画出了1个 x 表示6个 ■，你是怎么想的？

答：我数了数右边的小方块一共是18个，左边有3个大方块，1个大方块就是6个小方块。

问：你是怎么算出来的呢？

答：3个大方块等于18个小方块，1个大方块就等于6个小方块。用 $18÷3=6$ 就算出来了呀！

问：你为什么不直接写"$x=6$"，而要写上"6个 ■"这几个字呢？

答：分完之后就是6个 ■ 呀！而且6和6个 ■ 是不一样的。6是个数字，6个 ■ 是图形。它们表示的意思不一样。

问：如果老师告诉你 $x=6$，你觉得可以吗？

答：不可以。$x=6$，没有单位名称。等于6个什么？不知道具体的意思。

分析：该学生能够理解平衡的意思，但在理解 x 代表什么时出现了偏差，我们认为显而易见的意思，他却认起"死理"，如果不能迈过这个认知的坎儿，会对后面的学习造成很大的影响。

访谈3：

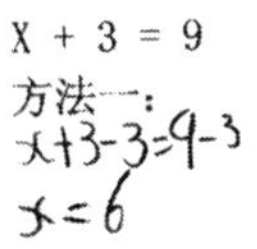

$$X+3=9$$
方法一：
$$x+3-3=9-3$$
$$x=6$$

$$X+3=9$$
方法一：
$$9-3=6$$
$$x=6$$

图5-19 学生3答卷中的部分试题 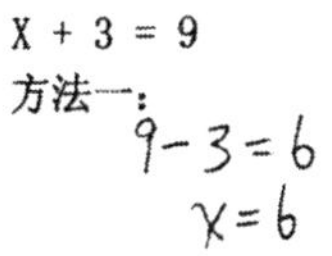　　图5-20 学生4答卷中的部分试题

问(生3)：(如图5-19)你是怎么想到这种方法的？

答：刚刚学了等式的基本性质，我想把它试着用过来，结果发现也是对的。

问(生3)：你是怎么知道这种方法是对的呢？

答：我先想 $6+3=9$，那么 x 就是6了。一定是对的。

问(生4)：(如图5-20)你为什么直接用 $9-3$ 了呢？

答：x 是一个未知数，可以把它看作一个（　），先想（　）$+3=9$，

111

6+3=9，要算出 6 来，所以列式是 9−3=6。

问：你们觉得哪种方法更好一些？

答：（不约而同）当然是 9−3=6 了。用等式的性质来计算不仅写的时候要多写，看的时候也不清楚，所以还是用 9−3=6 好。

问：如果解方程时就要求你们用等式的性质去解呢？

答：（做大惊状）老师，不会吧！那样写太麻烦了！

分析：这次一共访谈了两个学生，是平时数学成绩相对另两个访谈学生要好一点的。当我们把两种方法放在一起对比的时候，他们从内心里不接受用等式的基本性质的方法来解方程。即使是学生 3，他也只是为了多种方法才想到利用等式性质解方程，而且是先通过算出得数，然后用得数验证此种方法的正确性。因此，要想让学生真正地接受教材中的方法和书写格式，需要再动脑子，再花力气。

5.1.3 人教版 2013 年版教材解方程内容的前测试卷分析

（1）学生认知起点分析

> **思考**
>
> 对前测试卷进行分析是一个工作量比较大的细致活儿，如果你只是让学生做了前测试卷而没有进行分析的话，那么前测试卷就是无效的。在我们日常工作繁忙的情况下，要深入细致地对前测试卷进行分析是件比较困难的事情，所以笔者希望自己做的这个分析会给你带来一些帮助或启示。请你想一想：笔者这样划分水平层次是否可行？你还有更成熟的水平划分依据吗？

根据前测试卷的分析和对个别学生访谈的思考，我们把学生学习解方程内容的水平层次做了如下的划分。

水平 0：不知道 x 表示的含义，把 x 当作一个数去计算，求不出 x 的值。可以看出下面这个学生的三种解题方法是把 x 当作 9 来进行计算了。

$$x-3=6 \qquad x \times 3=27 \qquad x \div 3=3$$

5 解方程的学情调查研究

水平1：知道 $x=6$，但是过程无依据，有凑数之嫌。下面三种方法是不同学生的凑6过程。（如图5-21）

$$9+3=12 \qquad 9+3=12 \qquad 9\div 3=3$$
$$12-9=3 \qquad 12\div 3=4 \qquad 3-1=2$$
$$3\times 2=6 \qquad 4-2=2 \qquad 2\times 3=6$$
$$x=6 \qquad 2\times 3=6 \qquad x=6$$

图5-21 学生的答题情况展示（一）

水平2：用数的组成和分解求出 x 的值，把 x 还原为算术方法中的（ ）来求解。学生主动把 x 变成（ ），然后再填空。（如图5-22）

$$9-(6)=3 \qquad 9-(3+\boxed{6})=0 \qquad (6)+3=9 \qquad \begin{matrix}&9&\\3&&(6)\end{matrix}$$
$$6=x \qquad 9-3=6 \qquad 3+(6)=9$$

图5-22 学生的答题情况展示（二）

水平3：用假设法尝试，把 x 当作一个数，一个一个代入检验，直到合适为止。（如图5-23）

$$1+3=4 \qquad 1$$
$$2+3=5 \qquad 2$$
$$3+3=6 \qquad 3$$
$$4+3=7 \qquad 4$$
$$5+3=8 \qquad 5$$
$$6+3=9 \qquad (6)+3=9$$

假设 $x=5$，那加起来就是8，5再加1就是六。

图5-23 学生的答题情况展示（三）

水平4：用四则运算的关系求解，并根据四则运算之间的关系进行变形。但是最后都能以 $x=6$ 或者 $6=x$ 作为结果。（如图5-24）

$$9-3=6 \qquad x+3=9 \qquad 9-3=x$$
$$x=6 \qquad x=9-3 \qquad 6=x$$
$$\qquad\qquad x=6$$

图5-24 学生的答题情况展示（四）

≪ 解方程教学研究

水平5：用等式的基本性质求解，并根据等式的基本性质进行变形。（如图5-25）第一种方法是在等式的两边同时加上 x，说明学生已经把 x 看作可以同加同减的式子了。第二种方法不仅在等式两边同时加上了 x，还把等式两边的式子同时乘了2，可谓"变形高手"。

$$9+x=2x+3$$
$$9+x-x=2x-x+3$$
$$9=x+3$$
$$9-3=x+3-3$$
$$6=x$$

$$x+3=9$$
$$2x=2\times 9-2\times 3$$
$$2x=18-6$$
$$2x=12$$

图5-25 学生的答题情况展示（五）

（2）教师教学起点分析

因为题目简单、数据较小，学生一眼就能看出 x 的值，所以他们感觉不到解方程的作用，更体会不到用等式的基本性质解方程的必要性。如何让学生感受到用等式基本性质解方程的优势呢？可否选择一眼看不出 x 的值而且运用四则运算关系无法解决的题目作为引题，然后利用化繁为简的思想介绍用等式的基本性质解方程的方法？比如 $2x+6=7x-4$，学生看到它之后可能会无从下手，这时候教师可以利用天平图示对这个方程进行变式，让学生体会到通过一次次的变式就可以解决这个我们认为解决不了的问题，让学生体会到每一次变式所用到的等式的一些基本性质，从而增加对等式的基本性质的"好感"，从内心接受这种解题方法。

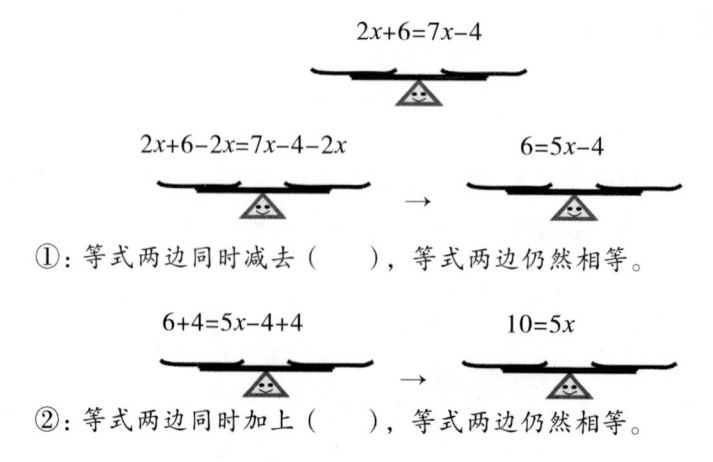

$$2x+6=7x-4$$

$$2x+6-2x=7x-4-2x \qquad \rightarrow \qquad 6=5x-4$$

①：等式两边同时减去（　　），等式两边仍然相等。

$$6+4=5x-4+4 \qquad \rightarrow \qquad 10=5x$$

②：等式两边同时加上（　　），等式两边仍然相等。

5 解方程的学情调查研究

$10÷5=5x÷5$　　　　　$2=x$

③：等式两边同时除以（　　），等式两边仍然相等。

这个题目作为引题介绍利用等式的基本性质解方程，可以激发学生学习用等式基本性质解方程的兴趣。之后再教学例1，先出示直观的实物图示，看图列出方程或算式。

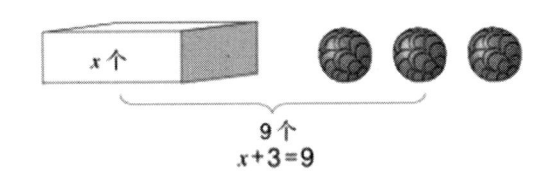

9个
$x+3=9$

图 5-26　人教版 2013 年版教材小学数学五年级上册第 68 页例 1 部分图示

教材中只给了一个方程的式子，其实还可以启发学生想一想还能怎么列方程，如 $3+x=9$，$9-x=3$，$9-3=x$。接着比较这四个方程，哪一个可以直接求出 x 的值？把其余的三个方程留在黑板上。我们已经知道了 x 的值是 6，怎样用等式的基本性质来解释呢？再接着要让学生看到实物图是怎样"走进"天平的。最好动态演示放球到天平上的过程，让学生建立起实物图示与天平图示（图 5-26）的联系。

这个过程很重要，因为从实物图示到天平图示，学生要建立的是对天平两边相等关系的认识。这个关系和算术中的数量关系还是有所不同的。尤其是天平右边的 9 个球的呈现是对实物图示的一个最好说明。把球放到天平上后，要让学生明白天平左边的两部分各表示什么，天平右边的 9 个球表示什么，天平左右两边哪一部分是相同的。可不可以同时拿走，拿走后天平左右两边各自剩下了什么，为什么还是相等的。（如图 5-27）

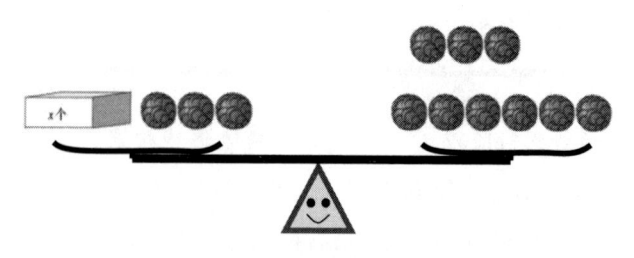

图 5-27　天平图示

接着让学生看书上的天平插图。明白每一个小方块表示的是一个足球。可以让学生自己再想一想，还可以把一个足球用什么图形、符号、字母来表示？并把自己想的图形、符号、字母在天平图示上表示出来。（如图5-28）

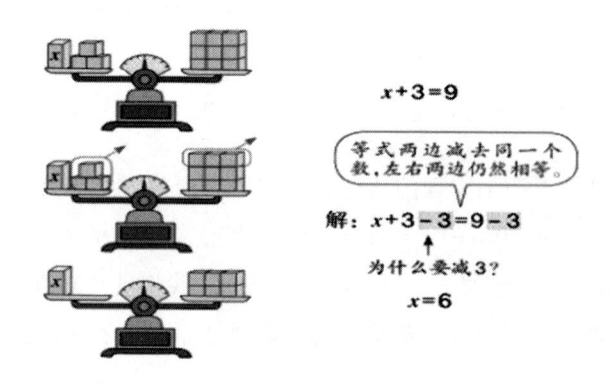

图 5-28　人教版 2013 年版教材小学数学五年级上册第 68 页例 1 部分图示

这样一来，不同的学生可能想出不同的图形，比如用一个△表示一个足球，或者用一个字母 a 表示一个足球，等等。比较哪一种表示是最简便的，让学生经历符号化的过程，经历实物图抽象的过程，经历天平两边相等关系的构建过程。有了这样一个过程，相信学生对于 $x=6$，$x=6$ 个□，$x=6$ 个△，$x=6$ 个 a，……就不会那么纠结了。

5.1.4　人教版 2013 年版教材解方程内容前测结果的教学启示

除了前面分析的教学结果对学生认知起点和对教师教学起点的一些启示之外，其实前测中发现的问题还有很多，比如解方程的书写格式，检验的书写格式，等等。这些知识都需要在后续的解方程学习中不断强化。但是即使是书写格式，也仍然需要学生理解这样书写的道理。比如等号为什么要对齐，因为要表示天平两边的相等关系，中间那个等号始终是天平中间的那个支点，如果移动天平就会不平衡。

日常教学中每一个知识点的前测都能给我们很大的启发。在我们来不及进行纸笔前测的时候，口头访谈是一种既方便又快捷的方式。重视前测，并在前测中找准学生的学习起点，前测后定准自己的教学起点，是完善教学的必做之事。

5.2 浙教版2013年版教材解方程内容的前测研究

5.2.1 浙教版2013年版教材解方程内容的渗透教学

> **思考**
> 你知道浙教版教材关于解方程教学在四年级之前是怎样渗透的吗？

浙教版教材有自己的一套编写思路，其解方程内容安排在四年级下册。那么在此之前，学生会有哪些知识基础呢？我们翻阅了浙江教育出版社2009年1月第一次出版发行，由张天孝主编的小学数学一年级上册到四年级下册的教材（以下简称"浙教版教材"），从中找到和解方程有关联的一些题目，可以看作是渗透解方程教学的题目来分析。

（1）一年级上册教材的习题中是如何渗透解方程相关内容的

浙教版一年级上册教材的练习中设计了比较多的求未知数的题目。这些题目分为两种，一种是基础性的看图填空，从图上直接可以数出来是几个，目的是巩固20以内简单的加减法计算，建立加减法之间的联系；另一种是含有简单推算，需要学生进行分析思考才能想出来的题目，目的是在加深简单加减法计算的印象的同时，培养学生初步的逻辑思维能力。即使是练习题目，教材同样遵循了由浅入深、循序渐进、螺旋上升的原则。

该教材第73页的练习题目是第一次出现带有□的式子，如图5-29①。我们发现，浙教版教材第一次出现的式子就已经渗透了等号的多重意义，

《 解方程教学研究

即等号不仅可以表示一个算式的运算结果，如 4+□=9，5+□=9；还可以表示把一个数分成几部分，如 7=1+□，7=□+1；还可以表示两个计算结果相等的式子，如 4+□=5+□。因为有图示的辅助，而且有颜色的区分，所以在教学的时候可以根据算式中每个数字表示的意思进行填空。填空之后还要让学生对比以前学的式子。以前学的式子是先写算式再写得数，这道题目的式子是先写得数再写算式。其实二者之间表示的意思一样，只是从左到右和从右到左地看，一个是把两个数合起来得到另一个数，一个是把一个数分成两个数的和。最后还要特别说明 4+5=5+4 这个两边都是式子的等式。让这个等式在一年级出现是一个大胆的举措，正因为这样的大胆，才能尽早地把等号的算术意义过渡到等号的代数意义，不至于当学生脑子里等号的算术意义根深蒂固了之后再去花力气"扭转局面"。还可以做一个延伸练习，让学生把图 5-29 ①中的三幅图下面的两个等式也写成这样等号左右都是式子的等式，如 1+6=6+1，2+5=5+2，3+4=4+3，追问：原来算式中的 7 "藏"到哪里去了？让学生明白等号左边的得数是 7，等号右边的得数也是 7，所以可以把两个式子用等号连接起来。进一步追问：如果等号两边的数字是不相同的，把三幅图连起来看，你可以写出几个这样的等式呢？如 1+6=2+5，3+4=1+6。甚至连等的式子也可以让学生尝试写一写，如 1+6=2+5=3+4。对于一年级的学生来说，丰富等号的意义对于其后续学习方程有着非常重要的意义，浙教版教材在这方面迈出了很大的一步。

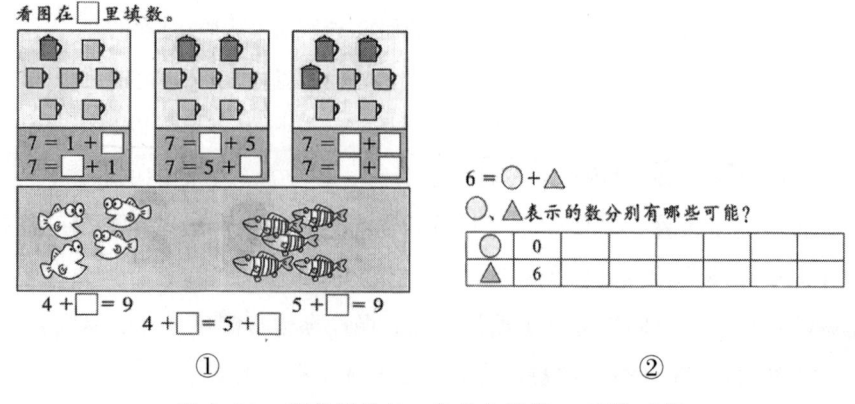

图 5-29 浙教版教材一年级上册第 73 页练习题

5 解方程的学情调查研究

第75页的练习题目是这种思路的半抽象呈现,脱离了具体实物图形,以图形符号和表格的形式继续数的组成练习,以及包含把一个数分成两部分用等号表示结果的题目,加深学生对等号表示一物分成几部分的意义的理解。这道题目还可以让学生进行有序思考,按顺序填写表格后观察表格的第一行和第二行的数字,找出两行数字之间关系,寻找第一行依次加1后第二行就会依次减1的原因,然后让学生用等号把几个式子连接起来,如0+6=1+5=2+4=3+3=4+2=5+1,追问:为什么可以写成这样的形式,原来题目中的6"藏"到哪里去了?让学生明白,因为每个式子的得数都是6,所以可以用等号把它们连接起来,原来式子中的6其实就是每个式子的得数,从而进一步渗透等号的代数意义。

第77页第4题完全脱离了具体事物和图形符号,呈现了三组直接填□里未知数的题目(如图5-30)。这组题目也是相互依存的,第一组是4、3、7组合,第二组是7、2、9组合,第三组是8、5、3组合,每一个组合的三个数字之间加减关系用不同位置的等号表示出来,有的在式子后边,有的在式子前边,不同位置的等号充分表现了等号的本质特点。而且因为是以题组的形式出现的,所以学生在思考填空的时候可以更多地参考第一个加法算式中的三个数,避免了自己漫无边际的猜想。在"总复习"中还有一道练习题目(如图5-31),不仅脱离了具体实物和表格,而且脱离了已知的加法算式题组形式,让学生直接填空,达到了对填未知数知识的完全抽象。

$$4+3=7 \qquad 7+2=9 \qquad 8-5=3$$
$$3=7-4 \qquad 7=9-\square \qquad 8=5+\square$$
$$4=7-\square \qquad 2=9-\square \qquad 5=\square-\square$$

图5-30 浙教版一年级上册第77页第4题

$$10-\square=7 \qquad 9+4=\square \qquad 6+6+\square=18$$
$$6+\square=10 \qquad 10+\square=18 \qquad 7+\square+8=19$$
$$8=\square-2 \qquad 13=\square-4 \qquad 8-3+\square=10$$

图5-31 浙教版一年级上册"总复习"练习题

《 解方程教学研究

经过这一学期的学习，学生对等号的认知一定是深刻的。如果可以，将这几道题目放在一节课中有条理地整合着上也未尝不可。

浙教版教材一年级上册还有一种求未知数的题目，是有一定思维含量的推理题目。这种题目比上面所述的求□里的未知数要更难理解一些。

下面这组题目（图5-32①）是用图形表示数的简单推理。第一组根据6+△=10，求出图形△表示的数是几，然后再根据△+⊙=16求出图形⊙表示的数。这中间有一个把第一个式子中图形表示的数代入第二个式子中的过程，这是学生第一次利用图形学习简单的代入方法，了解代数思想。要说明，第一个式子中的△表示的是4，那么在第二个式子中就可以把图形△换成4这个数。这个换的过程是一个很痛苦的过程，学生并没有把图形换成数字再计算的经验，他们认为一个式子中的图形求出来之后就行了，要代入另一个式子中再计算很不可思议。因此代入思想的渗透在这里需要教师浓墨重彩地进行讲解，而不是一笔带过。第二组先根据△+4=10求出图形△表示的数是6，然后再根据△+⊙=16求出图形⊙表示的数。两道题目虽然看起来一样，似乎可以以此类推。但是我们稍微留意就不难发现，学生最难懂的还有一个方面，就是为什么同样一个图形会表示不同的数，这个图形到底还可以表示什么呢？在学生困惑不解的时候，教师可以再增加几组这样的题目，让学生明白一个图形可以代表不同的数，就像之前的□一样。而在同一组题目中，同样一个图形必须代表同一个数。比如在苹果、梨这幅图（如图5-32②）的简单推算中，每一个苹果也必须代表同一个数，每一个梨也必须表示同一个数。然后要把苹果和梨分别代表的数再代入这个式子中。那么，什么时候同一个图形可以代表同一个数，什么时候同一个图形不能代表同一个数呢？需要教师一步一步地进行教学。

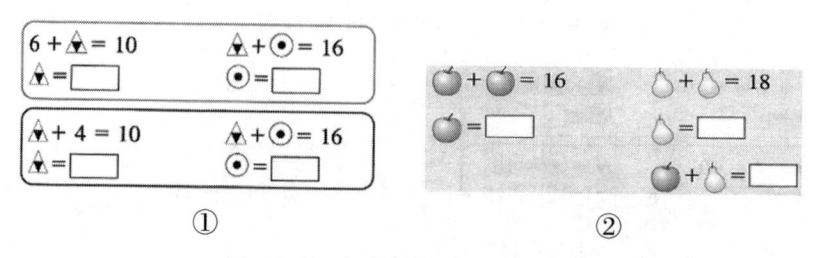

图 5-32　浙教版教材中的练习题

5　解方程的学情调查研究

当学生理解了实物图形或者几何图形表示的意义之后，学生基本具备了简单的代数思想，也就是用实物图形和几何图形代表数的思想。

不仅如此，浙教版教材在一年级上册就大胆地在求用图形表示数的过程中做文章。教材呈现的练习题中不仅可以用不同的图形表示未知数，而且过程已经初步具备了解方程的雏形。（如图5-33）每一题中的第一个式子相当于方程，第二个式子相当于解方程中的第一步，第三个式子相当于方程的解。

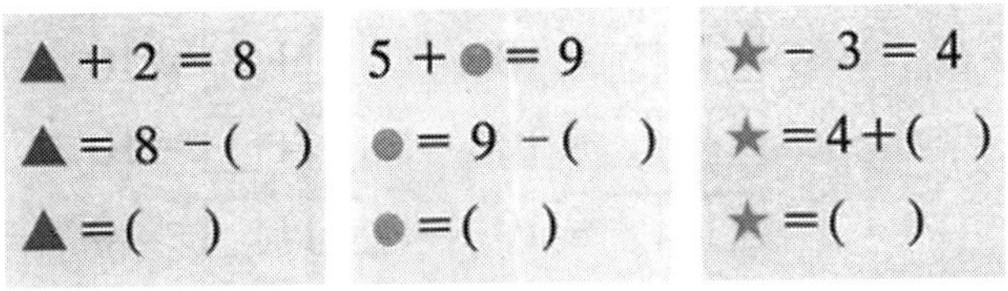

▲ + 2 = 8　　　5 + ● = 9　　　★ − 3 = 4
▲ = 8 − (　)　　● = 9 − (　)　　★ = 4 + (　)
▲ = (　)　　　　● = (　)　　　　★ = (　)

图 5-33　浙教版教材中的练习题

教材还呈现了等式中用两个不同的图形表示的未知数，并且用比大小的形式引导学生进行简单的推理。（如图5-34）这样有两个图形表示的未知数，不就是二元方程的雏形吗？教材编写者独具匠心的设计让学生在一年级充分地感悟到了等号的代数意义、未知数的代数意义，给学有余力的学生创造了发展的空间。

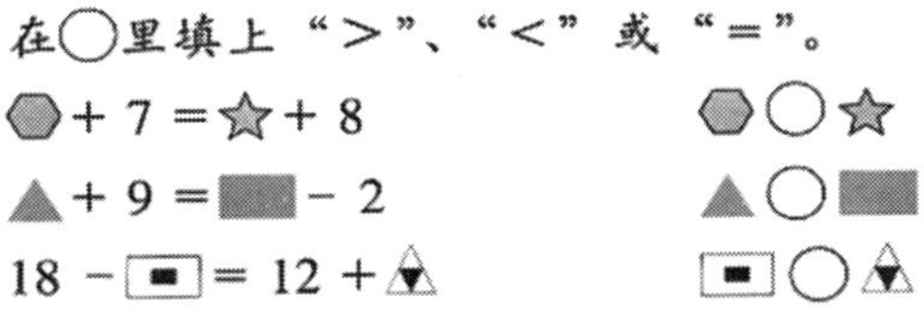

在○里填上"＞"、"＜"或"＝"。
⬢ + 7 = ★ + 8　　　　　⬢ ○ ★
▲ + 9 = ■ − 2　　　　　▲ ○ ■
18 − ■ = 12 + ▲　　　　■ ○ ▲

图 5-34　浙教版教材中的练习题

（2）一年级下册教材的习题中是如何渗透解方程相关内容的

有了一年级上册的知识基础，浙教版教材一年级下册的练习题目可谓步步深入。一年级上册中求图形表示的数在第二个式子中给出了其中的一个数和运算符号来帮助学生正确计算（如图5-35①）。一年级下册的教材在第二个式子中只给出了运算符号，而没有给出其中的一个数（如图5-35②），这就要求学生自己从第一个式子中找出相应的数填在不同的位

解方程教学研究

置上，比一年级上册的要求略高了一些。而且在求减法中图形表示的数时，要求自己填数和运算符号。从只填一个数到填两个数再到填两个数和运算符号，教材的安排体现了层次性和坡度性。

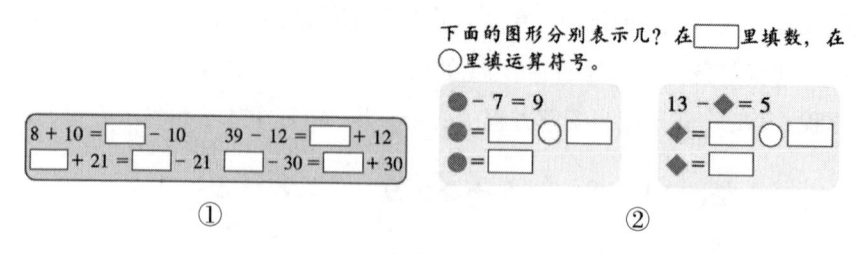

图 5-35　浙教版教材中的练习题

一年级下册教材中的等式增加了左右两边都是式子的题目练习量，并且增加了乘法的等式，便于学生更进一步理解等号的代数意义。（如图 5-36）

图 5-36　浙教版教材中的练习题

特别值得一提的是，在求图形表示的数这部分练习中，出现了以图形代表字母的类似于二元一次方程的题目（如图 5-37）。虽然这类题目在一年级上册教材中也出现过，但是对比后发现，本册教材中的题目明显增加了一个等式中相同图形的个数。这是为了巩固乘法口诀而设计的，其实就是乘加乘减的逆运算。先根据第一个等式用乘法口诀求出 △ 表示的数，再把 △ 表示的数代入第二个式子中，然后再次用乘法口诀求出 ★ 表示的数。在这个过程中，最关键的是理解 4 个 △ 相加是 24，其实就是 4 个相同的数相加，这里的 △ 代表的是一个数，也就是 4 × △ =24 或者 △ ×4=24。明白了这一层关系之后，学生才会用"四六二十四"这句口诀求出 △ 表示的数。所以教学这道练习题的时候，教师可以抓住加法和乘法之间的联系，让学生尝试着先把加法式子改写成乘法式子，然后再求图形表示的数。

各图形分别表示几?

(1) ▲+▲+▲+▲=24　　▲=(　　)
　　★+★+★+▲=24　　★=(　　)

(2) ●+●+●=18　　●=(　　)
　　◆+●+◆=22　　◆=(　　)

(3) ⬡+⬡+⬡=15　　⬡=(　　)
　　■+■+■+⬡=23　　■=(　　)

图 5-37　浙教版教材中的练习题

（3）二年级上册教材的习题中是如何渗透解方程相关内容的

浙教版二年级上册教材第一次出现了以天平为依托的等式题目，是第 91 页第 7 题，以"※"题目的形式引入，可能考虑到在学生会用计算的方法算出图形表示的数之后，再让学生理解等号表示两边平衡关系的这一层意义。（如图 5-38）

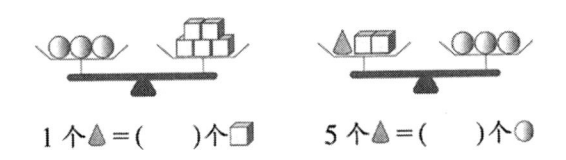

1 个 ▲ =(　　)个 ▯　　5 个 ▲ =(　　)个 ●

图 5-38　浙教版二年级上册教材第 91 页第 7 题

在继续求图形表示的数的练习中，题目的提示语首次出现"代表"这个词。汉语是丰富的，"表示"和"代表"之间究竟有什么不同之处呢？笔者觉得用"代表"比用"表示"更精确，因为"代表"更接近"就是"的意思。

123

《 解方程教学研究

求各图形代表的数。

▲ × 9 = 18   32 ÷ ● = 8   ⊙ + ⊙ + ⊙ = 27
▲ = 18 ÷ □   ● = 32 ÷ □   ⊙ × 3 = 27
▲ = □   ● = □   ⊙ = □ ÷ □
                                     ⊙ = □

7 × ★ = 21   ⬡ ÷ 4 = 9
★ = □ ○ □   ⬡ = □ ○ □
★ = □   ⬡ = □

① ②

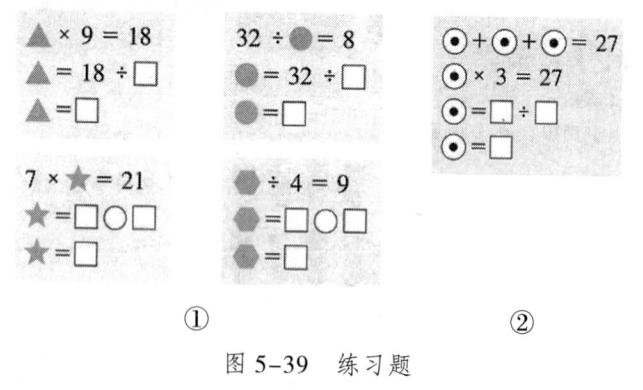

图 5-39　练习题

从图 5-39①可以看出，上面这排的两组题目的第二个式子中给出了一个数和运算符号，下面这排的两组题目的第二个式子中数和运算符号都需要自己填写，图 5-39②的式子中有将加法改写成乘法的过程。我们看到，此题继续以解方程的形式出现，巩固对这种书写格式的渗透，这种潜移默化的不断渗透加深了学生对这种书写步骤的熟悉程度。随着教学内容的丰富，求图形代表的数也在一步一步地复杂起来，不仅只有一级运算，还有二级运算，而且开始尝试两步混合运算；不仅只有平面图形代表的数，而且还有立体图形代表的数。

图 5-40 中的练习已经初步渗透了在解方程中先算什么再算什么的运算顺序和比较难理解的移项。因为有了一年级书写格式的基础，学生对此已经比较熟悉，这里需要强调的是先算什么和为什么。如图 5-40②，可以提问：第二个式子中的 21 是哪里来的？它是怎样从式子的左边移到右边的？为什么它可以移动？根据是什么？即使二年级的学生不能用完整准确的语言表达出来也没关系，见得多了自然也就感悟到了，不必强行灌输四则运算各部分之间的关系。

求各图形代表的数。

⬡ + ⬡ + ⬡ + 7 = 25   ▲ + ▲ + ▲ − 6 = 30
⬡ × 3 = 25 − 7   ▲ × □ = 30 + □
⬡ = □ ÷ □   ▲ = □ ÷ □
⬡ = □   ▲ = □

①

5 解方程的学情调查研究

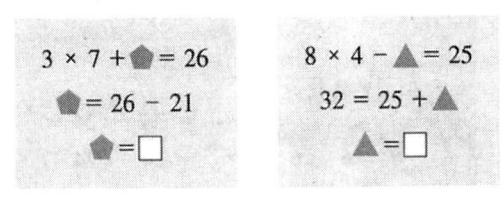

求各图形代表的数。

$3 \times 7 +$ ⬠ $= 26$	$8 \times 4 -$ ▲ $= 25$
⬠ $= 26 - 21$	$32 = 25 +$ ▲
⬠ $= \square$	▲ $= \square$

②

求各图形代表的数。

$6 \times 8 + \square = 67$	$5 \times 9 -$ ⬚ $= 28$
$\square = 67 \bigcirc \square$	⬚ $= \square \bigcirc 28$
$\square = \square$	⬚ $= \square$

③

图 5-40 练习题

还有一个地方，教材编写得非常有特色，那就是在解决问题的例题教学中依照三个相关数量关系，用带有 ☐ 的形式列出了三个式子。（如图5-41）这三个数量关系从不同的角度描述了同一个事件，①和②是顺向思维的，③是逆向思维的。

①红车行驶的米数 – 蓝车行驶的米数 = 红车比蓝车多行的米数

②蓝车行驶的米数 + 红车比蓝车多行的米数 = 红车行驶的米数

③红车行驶的米数 – 红车比蓝车多行的米数 = 蓝车行驶的米数

不论顺向思维的数量关系还是逆向思维的数量关系，都可以解决同一个问题；不论是带 ☐ 的式子还是不带 ☐ 的式子，也都能解决这个问题。只不过带有 ☐ 的数量关系在学习列方程解决问题的时候才能用得上。即便这样，浙教版教材在代数思想的渗透方面可以说是做到了细致和极致。

《 解方程教学研究

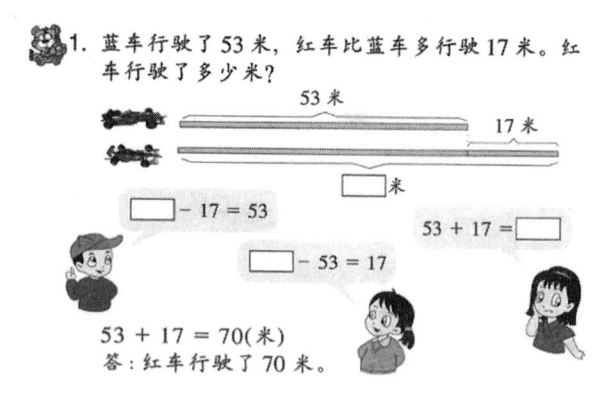

图 5-41 练习题

总的来说，浙教版二年级上册教材中的解方程教学渗透从练习走入例题，从计算走入解决问题，渗透之路越走越宽，渗透之面越来越广。

（4）二年级下册教材的习题中是如何渗透解方程相关内容的

浙教版二年级下册教材的解方程内容渗透从以下三个方面来说明。

首先，增加了天平图示的题目。从天平实物图抽象到天平图示也需要一个渐进的过程。

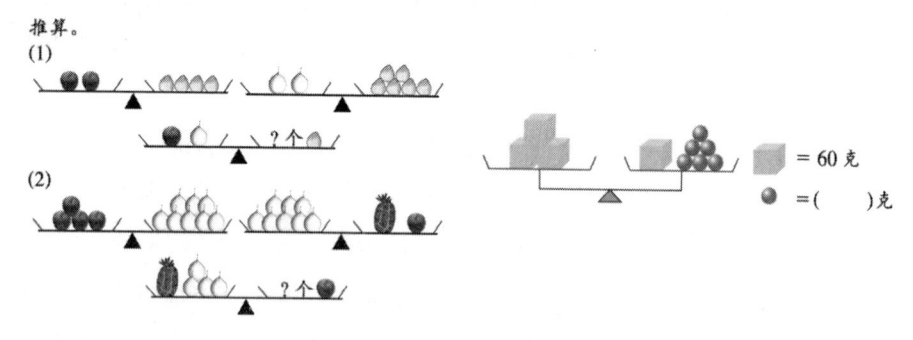

图 5-42 练习题

出现了利用天平图示进行简单推算的题目（如图 5-42）。教材在二年级下册首次出现"推算"这个词，意思是要求学生根据推理进行计算。

其次，增加了解决问题例题中多种数量关系的教学（如图 5-43）。教

5 解方程的学情调查研究

材充分展开了思维过程的教学。先用图形画出示意图，再根据题意和示意图用式子表示出相应的数量关系。教材给出了两个式子，第一个式子是带有图形的，第二个是带有□的，从示意图到带有图形的式子再到带有□的式子，是一个步步抽象的过程，这个过程其实也是列方程解决问题的过程，这个□其实就是今后将要学习的未知数，这个式子其实就是今后将要学习的方程式。

图 5-43 练习题

最后，增加了求图形代表的数的练习难度。有两步混合计算的，有带小括号的（如图 5-44）。更有创意的是教材把对先算小括号里的解释和带有图形的式子紧密联系了起来，和推算紧密联系了起来。而且书写格式仍然使用解方程的格式，但是这里的书写格式和前面略有不同，不知道编者是丢了每个等号左边的图形还是有意为之。等号左边没有图形的式子和方程的书写有些差别，建议教学的时候让学生自己画一个图形。

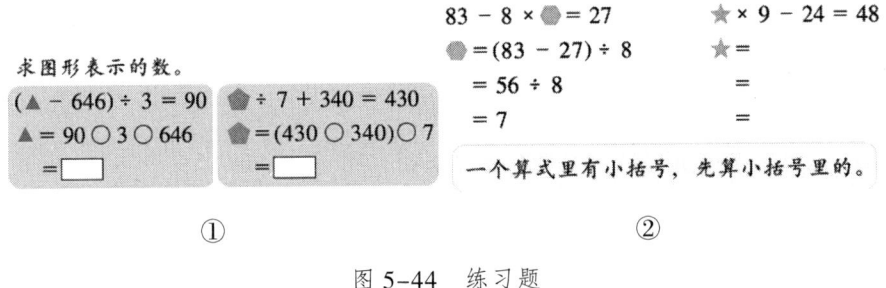

图 5-44 练习题

127

《 解方程教学研究

二年级下册教材中的解方程内容渗透力度更大,编排思路更妙,编排视野更宽。可谓匠心独运。

(5)三年级上册教材的习题中是如何渗透解方程相关内容的

浙教版三年级上册教材依然沿着天平图示、求图形代表的数两个方面的练习设计来渗透解方程的教学。此外,特别增加了等式的基本性质的渗透练习,为学生四年级下学期顺利学习用等式的性质解方程奠定知识和方法的基础。

先从天平图示开始说起。在这一册教材中,笔者选择了有代表性的三幅图来说明天平图示循序渐进渗透解方程教学的过程。图 5-45 中的练习题首先说明天平两边一样重,在天平两边一样重的前提下才有等式存在的可能。所以教材在这道练习题的提示语中特别说明这个前提条件,这是天平图示中等式和不等式区别的关键要素。然后教材写出了一个含有图形的等式,这个等式比较复杂,有加、有乘,而且等式中包含了两个未知图形。这样的等式已经非常接近方程了。只要把等式中的图形换成字母,一个二元一次方程就诞生了。如果只看这个等式,学生可能还会很疑惑,不知道这道题目要我们做什么。接着题目中给出了要求,即求出 1 个 ▉ 与几个 ▉ 一样重,其实就是求 ▉ = ▉ × □。从问题"一样重"到等式的出现也是一个转化过程,这个过程也就是解方程中的归一过程。教材在这里已经初步渗透了从天平两边同时去掉 2 个 ▉,天平依然平衡的道理,其实这也就是等式的基本性质中的一部分。

图 5-45 练习题

在明确了什么样的情况下天平两边一样重之后,教材接着安排了平衡

128

5 解方程的学情调查研究

天平的变化图示。图 5-46 中的练习题中提示语说明 "2 个 ■ 与 3 个 ● 一样重",然后直接写出含有图形的等式,紧接着又出示了一幅天平图示,两幅图示紧密相连,第一幅图示是第二幅图示的基础,第二幅图示是第一幅图示的拓展。而且在第二幅天平图示的左边,教材没有画出 6 个 ■,而是写 "6 个 ■",这是从直观看出图形个数到给出文字表达的一次抽象过程,也就是说天平的左右两边不仅可以放砝码、放立体图形,还可以用文字表述。其在天平图示中的出现使得天平图示顺利过渡到了等式,实现了从图到式的飞跃。接着教材提示 "2 的 3 倍是 6,3 的 3 倍是多少?",引导学生从倍数关系的角度去思考它们之间的关系,渗透天平两边同时扩大相同的倍数天平仍然平衡的道理。如果让学生从第二幅天平图示回看第一幅图示,感悟天平两边同时缩小到原来的几分之一天平仍然平衡的道理,那就更好了。这其实也是等式基本性质中的一部分。

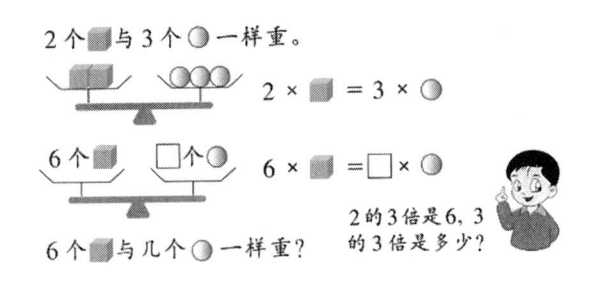

图 5-46 练习题

图 5-47 ①也是两幅天平图示,不同的是这两幅天平图示可以用连等的式子写出来。教材先用两个等式写出了两幅天平图示表示的算式,然后提问:■ = ■ × □,将中间最关键的等量代换这一步省略了,让学生自己去把两个等式合并成一个等式。因为有图示的辅助,学生能够想到第三幅藏在脑子里的天平图示(如图 5-47 ②)。

《 解方程教学研究

①　　　　　　　　　　　　　②

图 5-47　练习题

在求各图形表示的数这部分练习中，配合相应的计算教学，教材丰富了题目的类型，乘加、乘减、除加、除减都有涉及，题目中开始出现三位数的相关运算（如图 5-48）。

求图形表示的数。

$9 \times \blacktriangle + 35 = 152$

$406 \div \blacktriangle + 34 = 41$

$852 - \bullet \times 8 = 556$

$6 \times \pentagon - 58 = 164$

图 5-48　练习题

此外，教材还安排了列式计算各图形表示的数的题目（如图 5-49）。我们可以看到，这种类型的题目是合并同类项的雏形，同一个图形可以代表同一个数，每个等式都用了同一个平面图形作为未知图形。它们的基本思路是先把等号左边的多项式算出来，使其成为一个含有字母的单项式，然后再求一个图形表示的数。这项练习的设计是其他版本教材所没有的，是浙教版教材的一个特色，它承上启下地把解方程中绕不过去的合并同类项这一知识点提前渗透，避免了像其他版本教材那样对这部分内容略显尴尬的呈现方式。

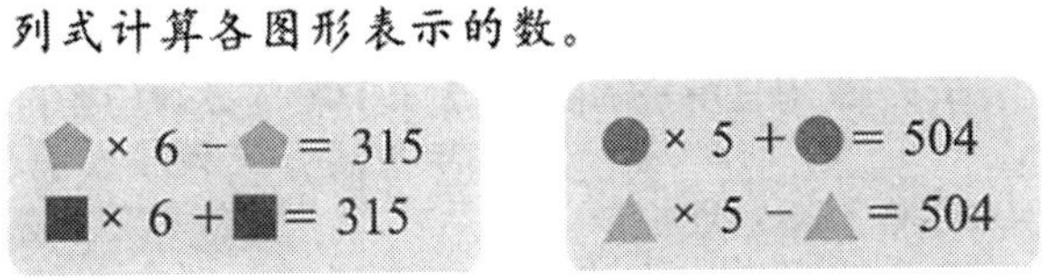

5　解方程的学情调查研究

列式计算各图形表示的数。

⬠ × 6 − ⬠ = 315　　● × 5 + ● = 504
■ × 6 + ■ = 315　　▲ × 5 − ▲ = 504

图 5-49　练习题

另外一部分内容则是这一册教材中新增加的。在这部分内容中,"在□里填数"的形式发生了变化,用两个箭头把两个等式连接起来,用箭头旁边的运算符号和数表示上下两个□里数的运算过程(如图 5-50)。设计新颖巧妙,是渗透等式基本性质非常可行的一种练习技巧。由等式两边中其中的一个数同时加、减、乘或除以同一个数等式仍然成立,推理得到等式两边同时加、减、乘或除以同一个数等式仍然成立,还需要一段时间,这里只是渗透、感悟。由给一个具体的数同时加、减、乘或除以同一个数等式仍然成立,推理得到给一个含有图形的等式同时加、减、乘或除以同一个数等式仍然成立,也还需要一段时间,这里只是初步感知、初步运用。

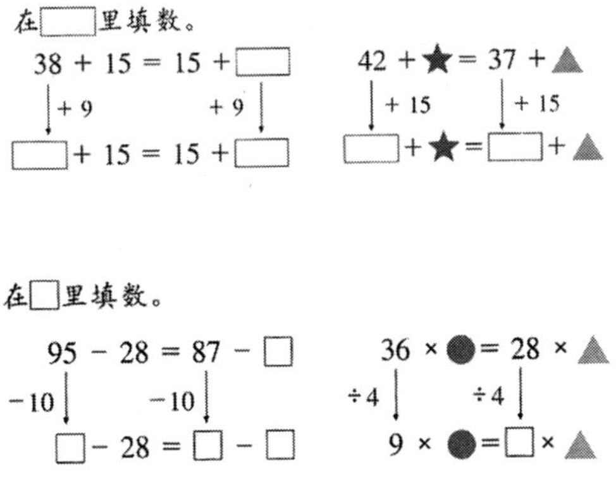

在□里填数。

38 + 15 = 15 + □　　42 + ★ = 37 + ▲
　+9　　　+9　　　　　+15　　+15
□ + 15 = 15 + □　　□ + ★ = □ + ▲

在□里填数。

95 − 28 = 87 − □　　36 × ● = 28 × ▲
　−10　　−10　　　　　÷4　　÷4
□ − 28 = □ − □　　9 × ● = □ × ▲

图 5-50　练习题

三年级上册教材不论是从深度还是从广度上来讲,渗透解方程内容的练习题目都已上了一个台阶,学生的知识储备也已初成体系。

(6)三年级下册教材的习题中是如何渗透解方程相关内容的

131

> 解方程教学研究

　　浙教版教材三年级下册的练习中没有了天平图示，因为在前几册的教材练习中天平图示已经从具体走向了抽象，从图形演变成了等式，从看图写等式走到了看图推算结果。所以三年级下册的教材在渗透解方程教学内容时增加了数量关系的多样化表达，以此来为学习解方程的数量关系奠定基础。

　　从图 5-51 中可以看出，教材没有强化算术方法中单一的数量关系，而是从整体数量关系入手，也就是从相加、相减这两种简单的数量关系入手，引导学生先写出含有图形的等式，然后根据之前丰富的推算经验，灵活选择适合自己的方法解决问题。我们也可以看到，教材中每道例题给出的数量关系至少有两种，其实如果再写下去还可以找到其他不同的数量关系。但是教材中呈现的这两种是学生在列方程解决问题时最容易找到的。

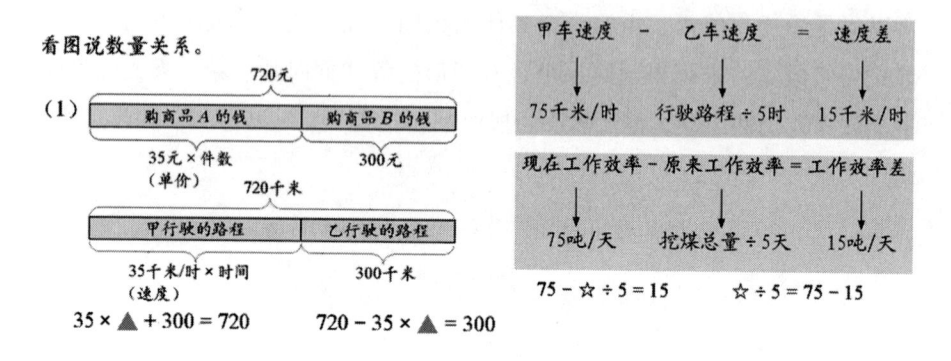

图 5-51　练习题

　　在求图形表示的数这部分内容中，增加了带有小括号的题目（如图 5-52）。而且练习中给出了去掉小括号的两种方法，即可以把小括号看作一个整体，也可以运用乘法分配律先把小括号去掉。在习题中，教材还给出了两种方法计算步骤，这个步骤同样是解方程步骤的一部分。笔者建议教材（如图 5-52）中练习题的上下几个等式的"="最好对齐，和前面几册格式统一，给学生一个规范的书写格式示范。

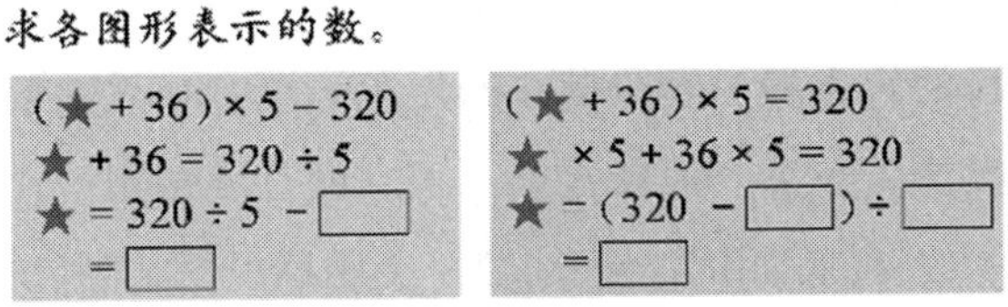

5　解方程的学情调查研究

求各图形表示的数。

$(★+36)×5=320$
$★+36=320÷5$
$★=320÷5-\square$
$=\square$

$(★+36)×5=320$
$★×5+36×5=320$
$★=(320-\square)÷\square$
$=\square$

图 5-52　练习题

三年级下册教材几乎把含有图形的等式的计算教学和解决问题教学发展到了极致，可以想象方程的教学只剩下图形换字母这一步了，呼之欲出的解方程教学在充分的铺垫和渲染之后已经渐渐清晰起来。

（7）四年级上册教材的习题中是如何渗透解方程相关内容的

浙教版教材四年级上册渗透解方程教学内容的习题更趋向于解方程，其中求图形表示的数的题目设置也更加成熟，尤其是加强了合并同类项的练习。图 5-53 中的四道题目中有两道就是关于同一图形题目的化简，说明了编者对于合并同类项题目的重视。

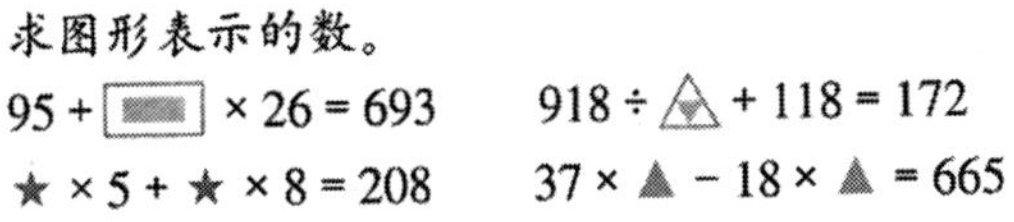

求图形表示的数。

$95+\square×26=693$　　$918÷△+118=172$
$★×5+★×8=208$　　$37×▲-18×▲=665$

图 5-53　练习题

此外，该教材继续加强推算教学，巩固推算在求图形表示的数这类题目中的运用，渗透把一个数代入含有图形的式子中的方法，引导学生熟练代入法。（如图 5-54）

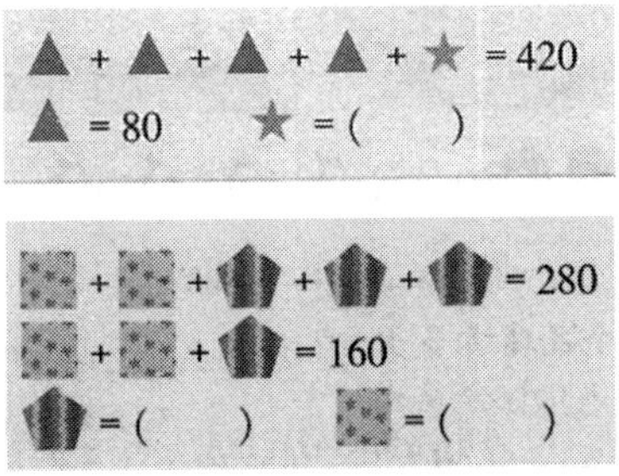

▲ + ▲ + ▲ + ▲ + ★ = 420
▲ = 80　　★ =（　　）

▨ + ▨ + ⬠ + ⬠ + ⬠ = 280
▨ + ▨ + ⬠ = 160
⬠ =（　　）　▨ =（　　）

图 5-54　练习题

133

≪ 解方程教学研究

（8）四年级下册教材在教学解方程之前安排了哪些内容进行铺垫

浙教版教材的解方程教学安排在四年级下册。在教学解方程之前，教材安排了"代数式（一）""代数式（二）"，而且直接用"代数式"来命名单元，比起其他教材的"用字母表示数"更明确、更清晰、更具有目的性。在"代数式"的两个小单元里，教材首先介绍了关于代数式的简便写法，引入字母代替图形，等等，然后是认识方程、等式的性质教学，最后才是解方程教学。也就是说在解方程教学之前，浙教版教材下足了功夫，做了充分的准备，这样的解方程还能难倒学生吗？

> **思考**
>
> 浙教版教材解方程教学之前的渗透内容是比较多的，虽然没有明确说明，但是关于用图形表示未知数的练习题可谓无孔不入。你觉得这些内容之间有什么联系？你的分析和笔者的分析有没有不同之处呢？

5.2.2　浙教版 2013 年版教材解方程内容的前测试卷编制

（1）编制前测试卷之前的教材分析

> **思考**
>
> 因教材版本不同，教材编写体系不同，前测试卷的编制也会不同。浙教版的前测试卷内容虽也来自教材，但与人教版的前测题目相比，不仅在深度上有所提高，更在广度上有所拓展。你可以翻看一下前面介绍的人教版的前测试卷，或许会得到些许启示。

从 20 世纪 70 年代末小学阶段引入解方程以来，小学阶段的解方程教学大致可以分为三个阶段。第一阶段是用四则运算关系解方程，就是熟练运用四则运算中各部分之间的关系去解方程。第二阶段是提倡用等式性质解方程，2001 年版课标中提出"会用等式性质解方程"。由于受算术思维的影响，学生往往习惯用四则运算关系求出方程的解。与之相反，等式的性质因书写格式比较烦琐，理解起来比较困难，不受师生的欢迎。第三阶段是 2011 年版课标中明确"用等式的性质解简单的方程"的要求。史宁中教授在《小学数学教学中的若干问题》一文中提道:"教如何解方程,就应当让学生掌握解方程的通性通法,让学生更好地把握方程的本质。一题一解的教学方法是不足取的:技能表现于一般性,技巧表现于特殊性。事实上,问题稍微复杂一些,就不可能用减法直接得到结果了,比如 $5-x=3+2x$ 这样的问题,就很难直接得到结果。因此在数学教学过程中,需要培养的是技能而不是技巧。"史宁中教授提到的技能应该是用等式的性质解方程。

纵观2011年以来的几套新教材,我们发现人教版、北师大版、青岛版、苏教版、西师大版的教材中都是用等式的性质教学解方程的,只有浙教版教材安排了两种思路的解法。浙教版教材解方程教学安排在四年级下册第五单元中。在此之前,教材安排了代数式、认识方程、等式的性质三部分内容,为的是给学生利用等式的性质解方程做足铺垫、打好基础。浙教版教材的教学建议中这样写道:"学生仍然可以保留按四则运算推算的思路,但教学导向应是等式的基本性质。"浙教版教材是这样呈现解方程的过程的:左边是等式的性质,右边是四则运算的关系(如图5-55)。编者的意图可能是想通过两种解方程的思路来达到二者之间的沟通与融合,从而让学生顺利地把四则运算关系与等式性质建立联系,用等式的性质解释四则运算关系,用四则运算关系验证等式的性质。

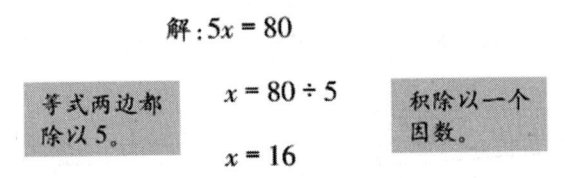

$$解:5x = 80$$
$$x = 80 \div 5$$
$$x = 16$$

等式两边都除以5。　　积除以一个因数。

图5-55　浙教版小学数学四年级下册第102页例1

(3)编制前测试卷

> **思考**
> 　　我编制的前测试卷题目选自浙教版教材小学数学四年级下册。当然你也可以根据学生的实际情况,自己思考后选择编制。如果让你来编制前测试卷,你会选择哪些题目?理由又是什么呢?

《 解方程教学研究

> 亲爱的小朋友：
>
> 　　这是一份前测试卷，请你认真思考并完成题目。如果不会做可以空着。此试卷不批分数，只是想了解你们的学习水平。谢谢你们的合作！
>
> 　　1. 把含有图形未知数的等式改写成含有字母未知数的等式。
>
> 　　90÷★×15=240　　　　　15×（●－20）=180
>
> 　　能改写几个就改写几个，看谁改写的等式最多哦！

　　编制意图：把含有图形未知数的等式改写成含有字母未知数的等式，是浙教版教材编排的一大特色，是对方程教学的提前渗透。当学生能够把含有图形未知数的等式顺利地改写成含有字母未知数的等式时，其对方程的认识也就水到渠成了。此题用来测试学生对于方程基本特征的了解与掌握，是解方程的基础知识。题目中用的图形未知数是★和●，其实就是说明图形未知数并不一定是某一个图形，可以是任何一个图形。同样，题目中含有字母的未知数也并不一定是某一个字母，可以是26个英文字母中的任何一个。如果学生会将其改写成含有不同字母的等式，那么说明学生对方程的本质已经有了深入的认识。

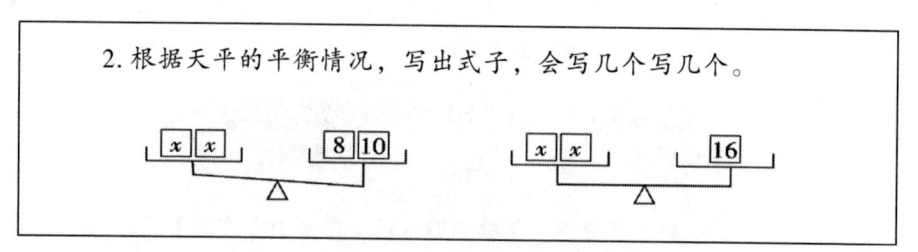

> 　　2. 根据天平的平衡情况，写出式子，会写几个写几个。
>
> 　　　x　x　　　8　10　　　　　x　x　　　16

　　编制意图：测试这道题目的意图有两个。一是想了解学生是否既可以从左向右观察并写出式子，也可以从右向左观察并写出式子。二是想了解学生是否能基于天平事实把式子写出来。题目中包含两幅不同的天平图示，一幅是不平衡的天平图示，另一幅是平衡的天平图示。每幅天平图示的左边托盘上放了2个x方块，测试学生对于天平图示中关系的理解。当天平不平衡的时候，我们要用">"或"<"来连接，这样连接起来的式子叫不

等式。当天平平衡的时候，我们要用"="来连接，这样连接起来的式子叫等式。而只有符合等式的条件才有可能是方程。同时测试学生是否能够把 2 个 x 的关系弄明白。此题目要求会写几个写几个，意思是可以把天平图示写成不同的形式，而其中最基本的等式应该是顺着天平图示的相等关系写的。

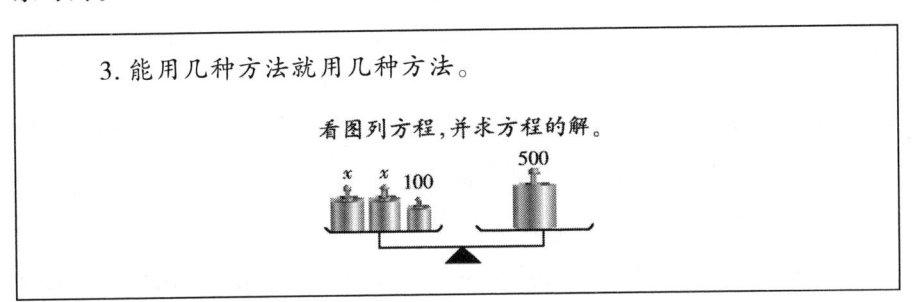

3.能用几种方法就用几种方法。

看图列方程，并求方程的解。

编制意图：这道题目是天平图示加砝码的看图列方程，天平左边的托盘中有 3 个砝码，不管左右托盘砝码个数是否一样，只要天平保持平衡，就可以用"="来连接，这也是方程最核心的意义所在。同样要求学生能用几种方法就用几种方法。学生可以通过推理得出 x 的准确值，也可以用算术方法倒推得出 x 的准确值，还可以列出方程，尝试解方程。学生列出的方程可能是根据天平图示列出的，也可能是根据自己的想法用算术思路列出的。这道题目便于测出学生对方程意义的理解程度以及对解方程方法的掌握程度。

4.解方程：$16y=12（y+4）$。

编制意图：学生在解答这道题目时不管格式是否正确、过程是否完整，只要能够得出正确的结果就行。测试是为了了解学生利用推算经验解决复杂方程的能力，从而确定浙教版教材解方程教学的教学起点，以及如何让学生在熟练掌握推算方法的基础上，接受用等式的性质解方程的方法，并能体会到用等式性质解方程的优势。

《 解方程教学研究

5.2.3 浙教版 2013 年版教材解方程内容的前测试卷分析

> **思考**
> 如果要做细致的研究，那么对前测的分析可以细致一些；如果是在自己班级上课，前测的分析依然是要重视的，不分析的前测毫无意义。当然，有时候一线教师要赶时间上课，可能前测刚刚完成就要进课堂，来不及深入分析，怎么办？不妨像下面这样进行一下简单分析。

前测的对象是使用浙教版教材的 108 个四年级学生。统计数据显示：只有 5.56% 的学生能够写出不同方向观察得到的式子，有 50.93% 的学生能够按照天平事实写出正确的式子。

下面这四幅学生作品（如图 5-56）是前测第 2 题中的典型错例。从这些错例中可以看出，学生对于天平图示的认识还不清晰，对于天平图示中表示的数量关系还不理解，或者不会用等式描述天平中看到的事实，而是习惯性地用算术方法把 x 的值求出来。

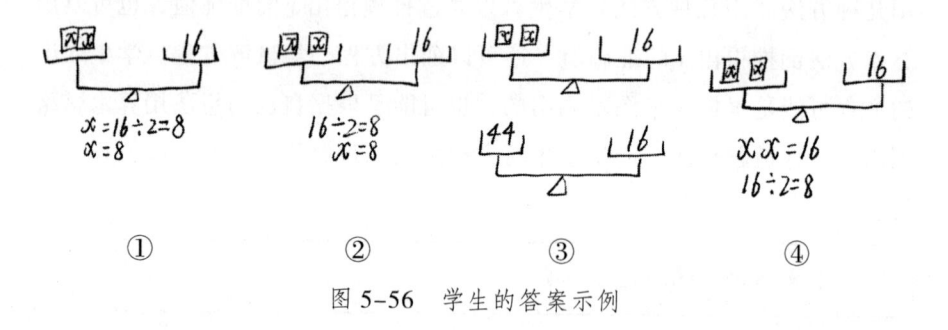

① ② ③ ④

图 5-56 学生的答案示例

统计数据还显示，有 25.93% 的学生能用方程表示天平直观图式上的数量关系，解答前测第 3 题时多数学生写成了（500-100）÷2，只有 3.7% 的学生解方程的书写格式是正确的。经过统计，发现在没有教学用等式的性质解方程之前，已经有 67.59% 的学生会用推算的方法求出前测第 2 题中 x 的值，有 26.85% 的学生会用推算的方法求出前测第 3 题中 x 的值。第 4 题中 x 的值，也有一小部分学生会用推算的经验得出。

5.2.4 浙教版2013年版教材解方程内容前测结果的教学启示

> **思考**
> 本次前测的样本不大，只有108人。对前测的分析较浅显，只计算了相关的百分比。看起来似乎并不具备样本的特征，但是如果是要在自己班级上课，这样的前测不正是了解自己班级学生学习基础最好的样本吗？你做前测吗？你是怎样做前测的？前测之后又是如何分析的呢？

根据前测的简单分析，我们发现，学生对于用四则运算之间的关系去求未知数的值已经非常熟练了，甚至达到了炉火纯青的地步。不到万不得已，他们是不会选择用等式的性质来解方程的。我们还发现，学生已经在含有图形未知数的等式与含有字母未知数的等式间建立了联系，并可以实现无缝对接。方程在他们眼里已经是"老朋友"了。

学生丰富的推算经验是否会对用等式的性质解方程产生比较强的负迁移呢？这是教学设计中最困惑的地方。为了把这种干扰降到最低程度，教学设计应始终围绕天平图示进行，力图使学生在天平的直观图示下理解方程同解变形的过程。

浙教版教材四年级下册的教学目标中最关键的一个就是借助天平图示体会用等式基本性质解方程的原理（同解变形）以及必要性。所以教师们应该把解读天平图示作为教学起点，力求让学生领会方程中关系性思维的重要特点。

利用游戏，引入新课。从不等式到等式（从图到式）。

你会用含有字母的式子表示这幅图吗？

小结：从左向右看用"<"来连接，从右向左看用">"来连接。

《 解方程教学研究

你会用含有字母的式子表示吗？

小结：等式的两边都只有一个字母，也是方程。

这幅天平图示能用方程表示吗？

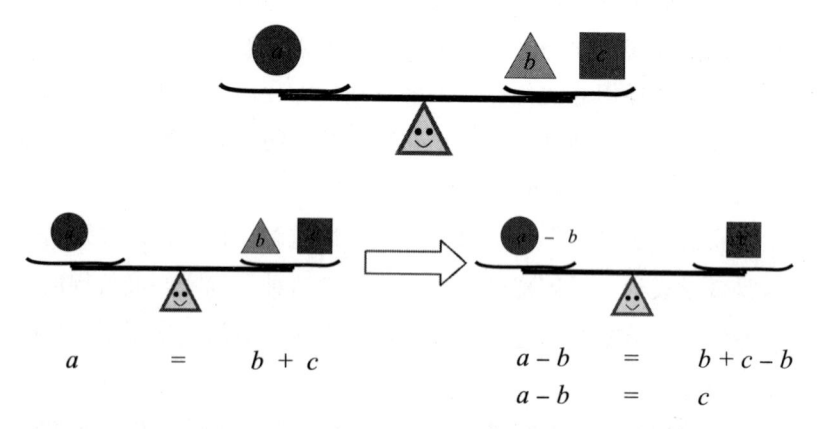

$a = b+c$

$a-b = b+c-b$
$a-b = c$

① 你们写出来的等式有三个字母，它是方程吗？为什么？

② 为了讨论方便，老师把这三个图形所表示的质量分别表示为 a, b, c。它们之间的关系可以表示为 $a=b+c$，也可以表示为 $b+c=a$。

③ 刚才有小朋友写的是减法的数量关系，可以吗？

小结：天平图示告诉我们的等量关系是 $a=b+c$，小朋友想到的减法数量关系是经过自己推理得到的，即通过天平两边同时减去 b 或者 c 得到的。所以图示不同，方程式子也不同。

这样设计的教学起点，从不等式到等式，突出天平的平衡原理，丰富了学生对方程意义的理解。通过 $x=y$ 这种形式渗透方程的对称性，通过建立不同天平图示之间的联系，复习等式的基本性质，并把等式的基本性质与学生的推理结合起来，初步建立等式的基本性质与四则运算各部分关系之间的联系。

5.3 解方程内容的后测研究
5.3.1 小学阶段解方程测试中的典型错例分析

> **思考**
> 前测帮助我们寻找最贴近学生实际的教学起点，后测则帮助我们寻找最适合学生的练习起点。后测可以包括新授后的课堂练习、课后作业、单元测试、期中测试、期末测试等题目。在你的教学中，学生会出现哪些典型的错例呢？对于这些错例，你又是如何分析的呢？

解方程属于计算范畴的知识，收集的众多错例中呈现出不同的错误原因，很难将它们归类。但是我们还是可以透过现象看本质，找寻解方程中学生出现错误的原因，并尝试进行分类。

（1）简单方程的错因分析

第一，解方程的格式不对。和算术格式混淆，认为只要算出了 x 的值就是解方程了。

图 5-57 中的得数是正确的，但格式完全错误。如果学生出现了这样的错误，教师可否视而不见，任其发展呢？抑或教师可否直接告知学生必须按照解方程的格式来写呢？有没有更好的方法，让学生接受解方程特殊的书写格式呢？

笔者以为，天平可以解决这一问题。比如，可以利用图 5-57①中的算式，说明天平两边同时减去 35，天平左边就可以剩下 1 个 x，天平右边就是 100-35，也就是 65。让学生根据天平变化的过程，用等式将其描述出来。这样学生在解方程的时候，脑子里始终有一台天平在变化，写出来的每一步都是对天平变化事实的客观叙述，他们在解方程的时候或许就不会把算术的逆运算思维和方程的关系性思维混在一起，也就不会出现穿着解方程的"鞋子"走算术方法"老路"的现象。

《 解方程教学研究

$$35+x = 100$$
解：$x=100-35=65$

①

$$x-3.5 = 5.8$$
解：$x=5.8+3.5=9.3$

②

$$5x = 80$$
解：$x=80\div 5=18$

③

$$42\div x = 7$$
解：$x=42\div 7=6$

④

图 5-57　学生解方程格式展示

第二，解方程过程中，遇到 x 在减数或者除数的位置上时，不会运用等式的性质。

图 5-58 中学生的错因有二：一是没有把字母当作一个数来看，看到字母出现在"不该出现"的位置上时，不知所措；二是不知道 2.5 前面的符号到底是什么？因为五年级的学生还不知道多项式的组成，更无法理解第一个数前面还应该有一个运算符号的事实。当学生不会处理字母又不会处理被除数的时候，其答题状态是崩溃的。

$$2.5\div x = 2$$
解：$2.5\div x\times 2.5 = 2\times 2.5$
$$x = 5$$

图 5-58　学生解方程错例展示

对于第一个错因，教师可以在"用字母表示数"这部分内容的教学中充分展开，不仅要让学生明白含有字母的式子可以表示一个数、一个式子、一种数量关系，还要让学生明白字母和数一样可以进行四则运算。虽然目前我们学的字母的运算还处于非常简单的初级水平，但到了初中我们就会学习关于字母的一系列运算。对于第二个错因，教师可以根据学生现有的知识基础，鼓励学生用"除数=被除数÷商"这个关系式来解方程。

5 解方程的学情调查研究

（2）稍复杂方程的错因分析

第一，学生四则运算中的规则意识不强。图 5-59 中，学生有用等号两边同时乘 4 的等式性质解方程的意识，但是在等式变形的过程中，犯了两个错误。一是没有遵守四则运算的规则，把括号给去掉了，虽然学生自己心里还是把 $x+5.6$ 看作一个整体。二是在解 $x+5.6=6.4$ 这个简单方程时，没有用等式的性质，符号移动出现了错误，把一个数从等号左边移到等号右边需要改变原来的符号。因为没有学过移项，所以直接移项对学生来说还是有一定难度。

对于错误一，教师可以给学生提供大量的四则运算的式子，让学生判断先算什么再算什么，什么可以看作一个整体。对于错误二，教师可以在解方程的第一课时就特别强调等式两边同时加、减同一个数的方法，可以把这样的错例呈现出来，让学生判断错例的错误在哪里。

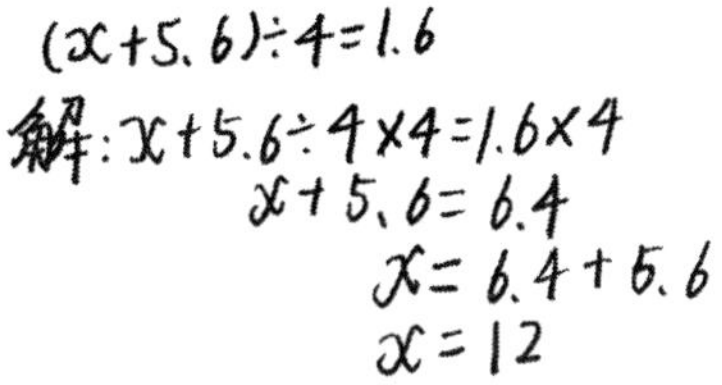

$$(x+5.6) \div 4 = 1.6$$
$$\text{解：} x+5.6 \div 4 \times 4 = 1.6 \times 4$$
$$x+5.6 = 6.4$$
$$x = 6.4+5.6$$
$$x = 12$$

图 5-59　学生解方程错例展示

第二，学生运用等式性质时的倒推意识不强。图 5-60 是在解同一个稍复杂方程时学生的错例。图①中学生是把 $\dfrac{1}{6}+\dfrac{1}{3}$ 当作一个整体先计算了，同样犯了四则运算规则意识不强的错误。在没有括号的情况下，是不能随便加括号的。图②中学生则是先从 $\dfrac{1}{6}$ 入手，用等式的性质解方程。其实在这种加减混合的方程题目中，学生需要有一定的倒推意识，也就是说遇到稍复杂的方程时，要先从等式一边的最后一个数开始倒推。如果想从左往右倒推的话，要想清楚符号的变化。图③中学生在处理数的移动时犯了迷糊，$+\frac{1}{3}$ 移到右边变成了 $-\frac{1}{3}$，这一步是对的，$-\frac{1}{6}$ 移到右边还是 $-\frac{1}{6}$，这一步就错了。在左右移动的时候，学生还是存在不熟练的情况。

教师可以结合四则运算的推算方法讲利用等式的性质解方程。比如，这道题目可以这样讲：第一步，观察方程的左边，是用未知数 x 先减 $\frac{1}{6}$ 再加 $\frac{1}{3}$，求未知数 x 可以用倒推的方法，先减 $\frac{1}{3}$ 再加 $\frac{1}{6}$，或者先加 $\frac{1}{6}$ 再减 $\frac{1}{3}$；第二步，用等式的性质解方程，等式两边可以同时先减 $\frac{1}{3}$，等式两边也可以先加 $\frac{1}{6}$，不论先减还是先加，都要弄清楚符号在等式左右两边的变化；第三步，建立利用倒推方法和利用等式性质解方程之间的联系，观察找到二者之间的相同点和不同点，领悟符号变化的原理；第四步，举几个相似的例子来解方程，比如 $x+\frac{1}{3}-\frac{1}{6}=1$，$x-\frac{1}{3}+\frac{1}{6}=1$，等等。

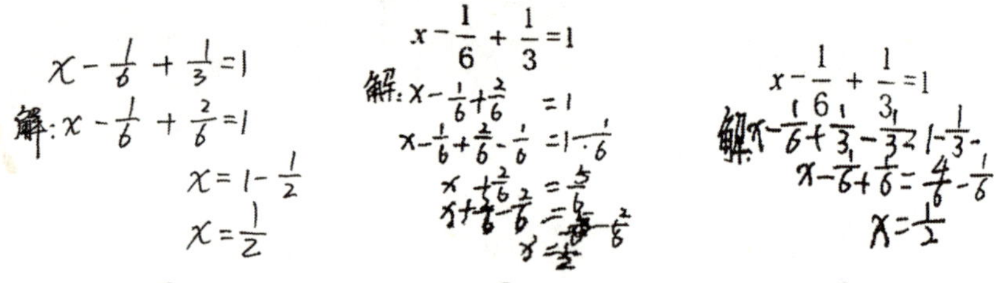

① ② ③

图 5-60 学生解方程错例展示

第三，学生解方程时运算顺序的混乱。图 5-61 中，图①中学生在等式两边同时除以 3，因为该学生认为看到 $3x$ 就要除以 3，这样把 $3x$ 中的 3 "解决" 掉之后，他就可以轻松自如地进行计算了。没想到的是，后边的 $4÷7$ 比 3 还要 "危险"。图②中学生在等式两边同时乘 7，因为他认为等式左边最后一步是除以 7，根据等式的性质，当然要两边同时乘 7 了，而且他还非常 "聪明" 地把等号左边的减 4 变成了加 4，这样一来，除变乘、减变加，理所当然地运用了等式的性质，却没有把 4÷7 看作一个整体，按照四则运算的顺序要先算 4÷7。图③中学生在等式两边同时加 4，然后再在等式两边同时乘 7，这似乎也符合等式的性质，但是他也忽略了运算顺序的先后，在 −4÷7 里"埋伏"着先算除再算减的运算顺序。图④中学生则一厢情愿地直接在等式的右边 +4×7，他以为像这样左边移到右边，符号一变就相当于移项了。

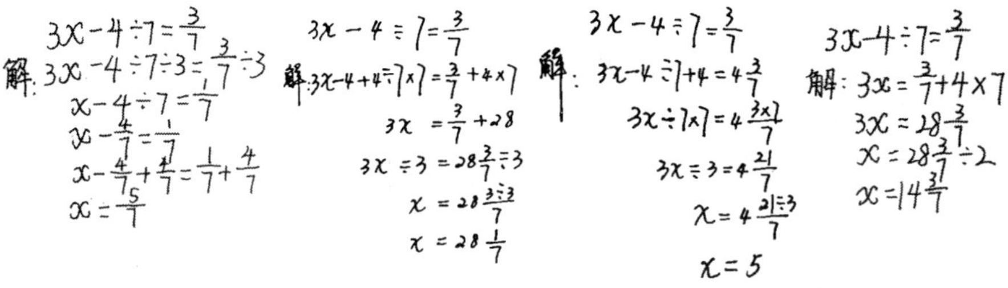

① ② ③ ④

图 5-61 学生解方程错例展示

从这几个错例中我们可以看到学生的纠结点其实不是等式的性质，也不是符号的变化，而是当等式的性质与四则运算"联姻"之后对复杂关系的处理。教师在教学等式的性质时千万不能把四则运算的运算顺序弃之不顾，这也就是教材要先从简单的方程开始教学用等式的性质解方程的最充分的理由。教师可以先让学生观察等式的左边，理清等式左边的运算顺序，明白把谁看作一个整体，先将方程左边变形为 $3x - \dfrac{4}{7}$ 再计算。

（3）分式方程的解题方法及错例分析

分式方程是初中要学习的内容，不过简单的分式方程也是可以让现阶段的学生尝试着去做的，因为分式方程本身可能更能触及方程中字母的运算。如果说整式方程还只是数与数的运算，那么分式方程就是字母真正参与到运算中了。下面以几道简单的分式方程为例分析一下错例的成因，或许对中小衔接的教学有一定的帮助。

《解方程教学研究

题目：$\dfrac{1}{x}+\dfrac{1}{2x}=1$.

先了解一下做对的学生是怎么想的。

想法一：从涂涂改改的卷面中，我们依稀可以看到学生的思考过程。被他涂掉的部分如果还原就是把分式写成除法的形式，发现此路不通；然后他又把 $\dfrac{1}{2x}$ 改写成 $\dfrac{0.5}{x}$，发现此路还不通，又画掉。最后，他尝试把 x 换成一个数，用代入的方法算出了结果，正好等于1。（如图5-62）批阅试卷的时候，有老师问，这样书写不规范，可否给分，笔者认为必须给分。学生尝试了那么多次才想到了这种把 x 假设成某一个数的方法，并且呈现出的思路是有理有据的，为什么不给分呢？

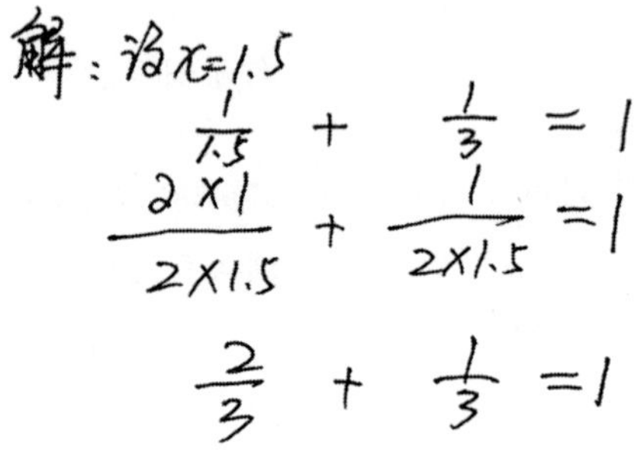

图5-62 学生部分答卷展示（一）

想法二：这个学生首先想到的是等式的性质，而且他一开始就在等式两边同时减去了 $\dfrac{1}{x}$，变形过程中发现 $\dfrac{1}{2x} \neq \dfrac{1}{x}+\dfrac{1}{x}$，于是他果断地把这个错误的方法涂掉，另寻他法。从涂掉的式子中可以看出他的思考过程，当他意识到分母不同的时候，就想办法把分母都写成了 $2x$，利用 $\dfrac{1}{2x}+\dfrac{1}{2x}=\dfrac{1}{x}$ 进行变形，也顺利到达"胜利的彼岸"。（如图5-63）

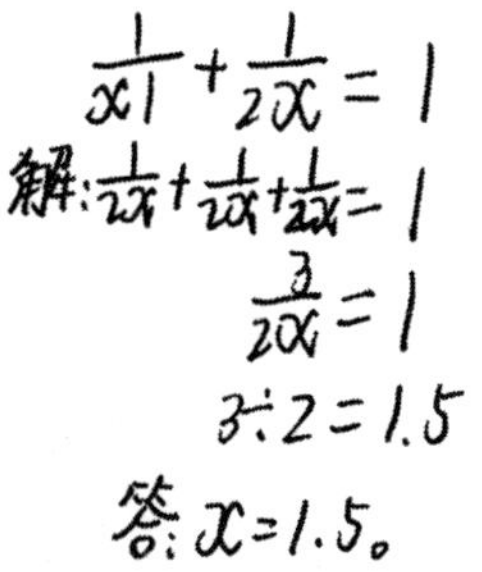

图 5-63　学生部分答卷展示（二） 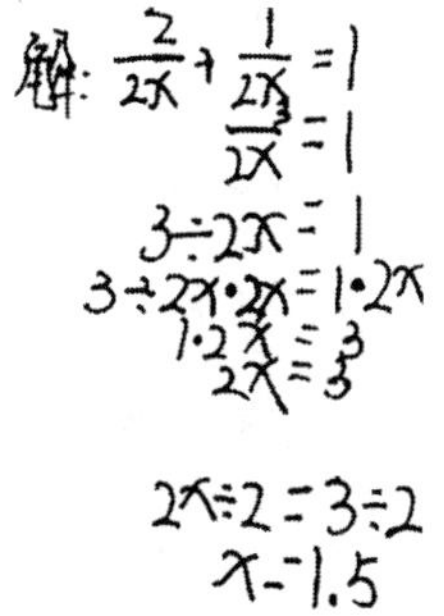　　图 5-64　学生部分答卷展示（三）

想法三：如图 5-64。这个学生应该是完全按照老师教的方法解题。通分；再利用分数与除法的关系把带有字母的分式写成除法算式，之后运用等式的性质，等式两边同时乘 $2x$ 再同时除以 2，最后得出正确结果。整个过程思路清晰，可作为正确答案的一个示范。

从图 5-64 中学生得出正确答案的思路来看，简单的分式方程在小学五、六年级进行尝试还是很有必要的，也是学生跳一跳能摘得到的"果子"。

再来看一下错例，试着分析一下错因。

错例一：如图 5-65。学生看到分式方程首先都不约而同地想到了分数与除法的关系，在计算时，第一步把分式改写成除法算式，都是对的，接着就开始"发散思维"了。

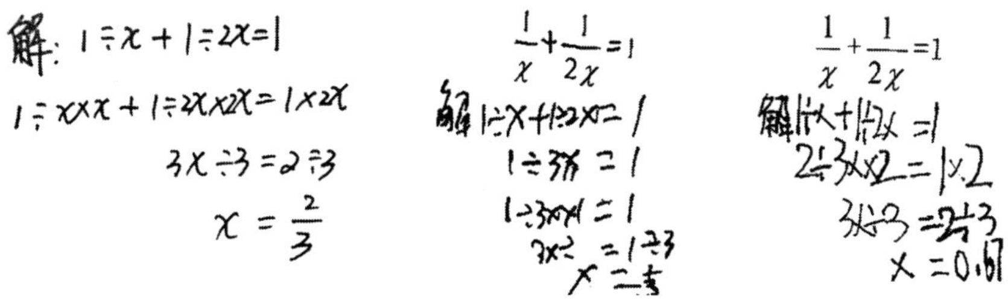

图 5-65　学生错例展示

错例二：如图 5-66。这两个学生首先想到的都是等式的性质，图①中学生试图去分母，因为分母是字母，于是他想用除以 1 乘 1 的方法实现去分母。结果分母留下了，分子去掉了。图②中学生也在试图去分母，他以

147

解方程教学研究

为通过两次除以 2 就把分母去掉了，其实分母中的 x 还在。

① ②

图 5-66 学生错例展示

错例三：如图 5-67。学生看到分式方程首先想到的是通分。图①中和图③中学生直接将分子相加、分母相加，图②中学生只把分母相加、分子不变，这都说明学生在通分的时候不知道字母该如何处理。

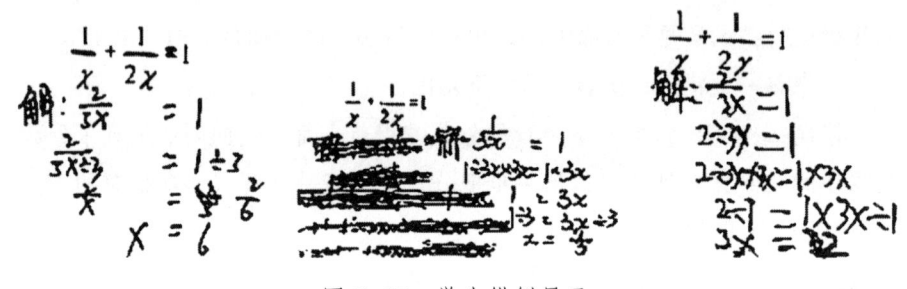

图 5-67 学生错例展示

在教学中，教师可以分开进行，各个击破。首先，教学简单分式方程如何通分，因为解答这样的题目，选择先通分然后再写成除法的形式是最佳路径。然后，教学分式与除法的关系，因为很多分式即使被改写成除法的形式，学生仍然无从下手，所以不必过分强化这种方法。最后，教学在什么情况下可以运用等式的性质解方程，让学生体会到，只有在等式两边同时加上或减去同一个数、乘或除以同一个数（0 除外）后，达到了简化等式的目的时，等式的性质才能起到它应有的作用，否则移来移去就是没有任何意义的"游戏"，对解方程没有丝毫的帮助。其实这道题目的解法还有很多,想进一行探究的老师可以尝试一下。

题目:$\frac{9}{x}+1=\frac{6}{5}$.

先了解一下做对的学生是怎么想的。

想法一:如图 5-68。方法是等式的性质、四则运算各部分的关系和转化成小数除法。图①中学生先在等式两边同时减去 1,再把 $\frac{9}{x}$ 写成除法的形式,利用"除数 × 商 = 被除数"的关系式将方程变形为 $x \times \frac{1}{5} = 9$,最后等式两边同时除以 $\frac{1}{5}$,可能这个学生课外学过一个数除以分数的知识,所以他直接计算 $9 \div \frac{1}{5}$,得出 $x=45$。图②中学生在 $\frac{9}{x}=\frac{1}{5}$ 的两边同时乘 x,同时把 $\frac{1}{5}$ 转化成了小数 0.2,因为没有学过分数除法,所以把分数转化成小数来计算,从而得出 $x=45$。

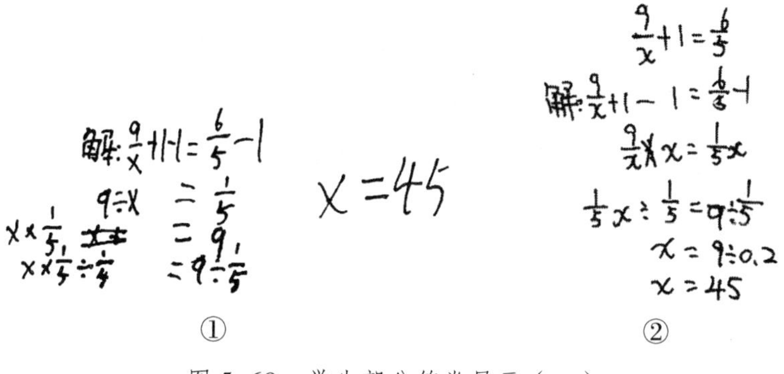

图 5-68 学生部分答卷展示(一)

想法二:如图 5-69。方法是等式的性质、通分。图①中学生先在等式两边同时减去 1,把原方程变形为 $\frac{9}{x}=\frac{1}{5}$,再运用通分的知识得出 $\frac{1}{5}=\frac{9}{45}$,从图①中可以看出,他不知道这样的想法该怎样书写才合适,所以把这个通分的过程写在了解方程过程的旁边,之后得出 $x=45$。图②中学生的通分过程有些烦琐，他先是把 $\frac{1}{5}$ 转化成了小数 0.2，之后又把 0.2 看作 $\frac{2}{10}$，接着他把分子变成了相同的数，也就是 18，即 2 和 9 的最小公倍数，再用比例的知识将其写成一个等式 $18 \times 2x = 18 \times 90$，最后运用等式的性质得出 $x=45$。

① ②

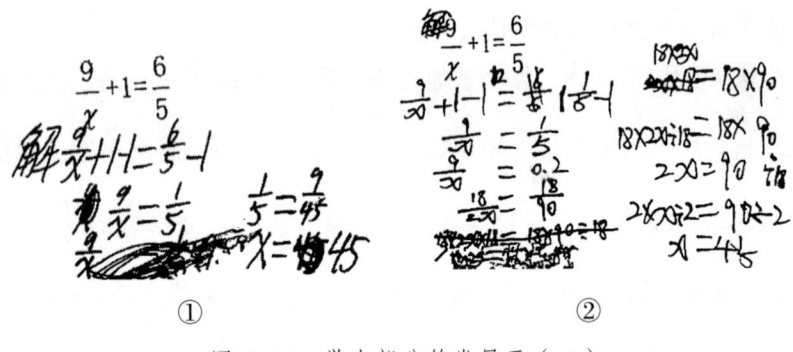

图 5-69　学生部分答卷展示（二）

想法三：如图 5-70。方法是等式的性质、分数与除法的关系。图中学生都是先运用等式的性质将原方程变为 $\frac{9}{x} = \frac{1}{5}$，然后根据分数与除法的关系再次变形，接着学生都试图用等式的性质去解这个方程。由于 x 在除数的位置上，商又是一个分数，学生在运用等式的性质解这个方程时可谓"痛苦纠结"，此时如果告诉学生可以直接用"除数 = 被除数 ÷ 商"这个关系式，该多简便呀！

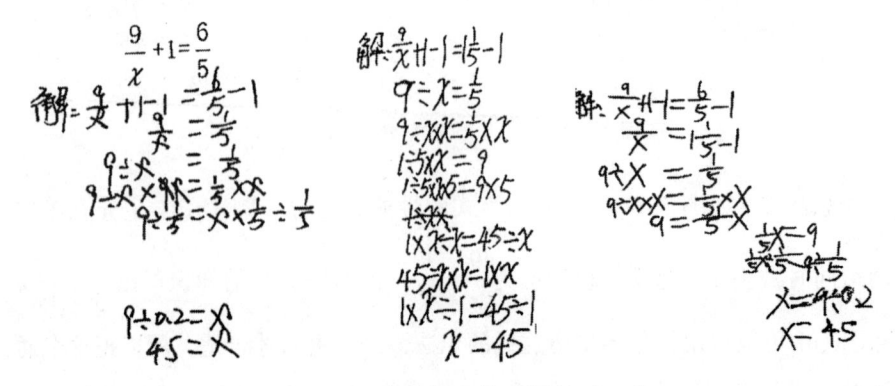

图 5-70　学生部分答卷展示（三）

5 解方程的学情调查研究

再来看一下错例，试着分析一下错因。

错例一：如图 5-71。看到 $9 \div x = \dfrac{1}{5}$ 或者 $\dfrac{9}{x} = \dfrac{1}{5}$，学生无从下手，不知所措，甚至在已经把分子变成相同的数之后，仍然没能得出答案。

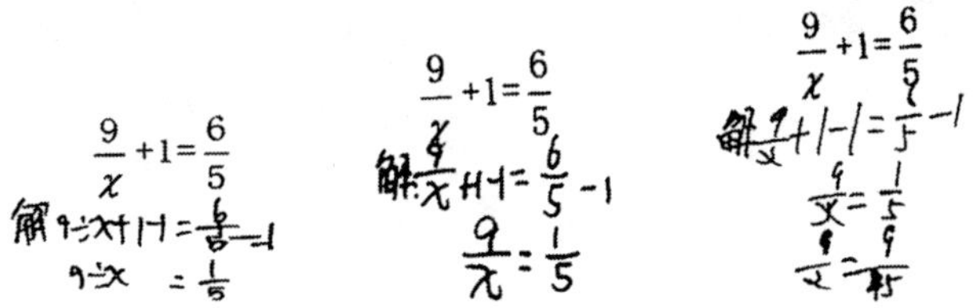

图 5-71　学生错例展示

像这样的解方程应该是简易方程中的一种。近年来，由于强化了用等式的性质解方程，弱化了运用四则运算中各部分的关系来求解，导致学生在解这样的简易方程时"绕来绕去"，甚至"望而却步"。教师可以提供不同的简易方程，让学生在变化中找到不变的地方。比如 $9 \div x = \dfrac{1}{5}$，$\dfrac{9}{x} = \dfrac{1}{5}$，$\dfrac{9}{x} = 0.2$，$9 \div x = 0.2$，让学生通过比较，发现不论写成除法的形式还是写成分数的形式，不论等式右边是分数还是小数，未知数 x 的位置是不变的，求未知数 x 也可以找到最简便的方法。

错例二：不敢"碰" x，就想把 9 先"解决"掉。因为如果 9 没有了，那么等式左边就只剩下 x 了。如图 5-72，图①中学生在运用等式的性质时，不知道在有分数的方程里是先去掉分母还是先去掉分子，以为等式两边同时除以 9，等式左边就剩下 x 了，全然不顾那条分数线的存在；图②中学生已经把分数改写成了除法的形式，却仍然不知道如何运用等式的性质来解，只是想当然地在等式两边同时乘 9，以为只要这样做等式左边就也只剩下了 x，全然不顾除号的存在；图③中学生也是在 9 上面"做文章"，在等式两边同时加 9。这三个错例都是在 9 上面"下功夫"，以为 9 是他们解这个方程的"拦路虎"，追其究竟，最大的原因就是没有弄清楚 9 和 x 之间的数量关系以及在含有除法式子的等式中运用等式性质时应该注意的地方。

《 解方程教学研究

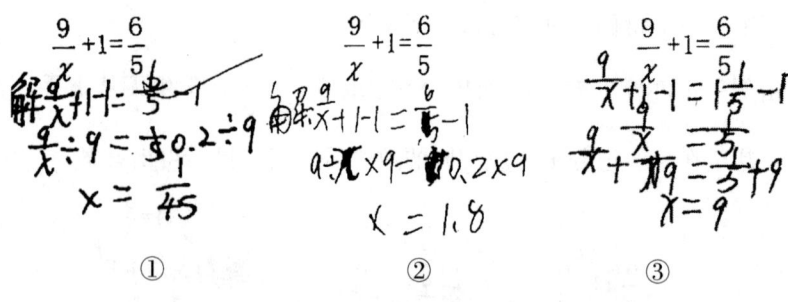

① ② ③

图 5-72　学生错例展示

教学中，教师可以专门利用一节课进行含有除法或分数的方程的专项训练，目的是把分数和除法紧密地联系起来。不论未知数在分子的位置上还是在分母的位置上，也不论未知数在被除数的位置上还是在除数的位置上，它们之间的数量关系是不变的。可以在利用等式性质解方程的基础上将此种方法与利用四则运算各部分的关系解方程的方法进行沟通和联系。不要硬性要求学生必须用其中的某一种方法解方程，而要让学生自己选择、自己体会、自己判断。

错例三：计算错误。有句话叫做"不管白猫黑猫，逮住老鼠就是好猫"。我们也可以换一种说法，不管用什么方法，得数对了就能得分。看图 5-73，你是否也要为这几个学生"扼腕叹息"呢？他们离胜利都只有"一步之遥"，却在最后关头因计算错误，与胜利失之交臂。可见，一道分式解方程题目，要想得分有多么不容易！可见，提高计算的正确率有多么重要！

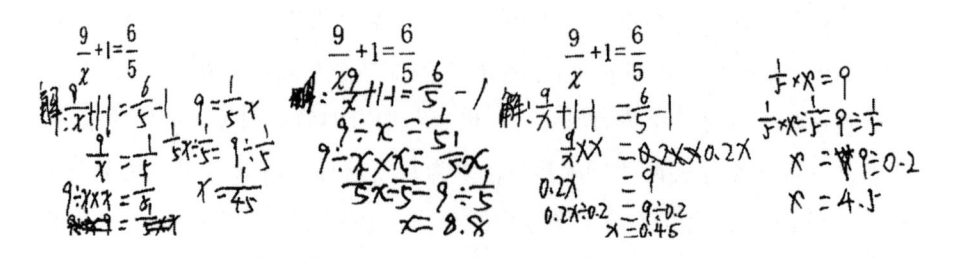

图 5-73　学生错例展示

> **思考**
>
> 你在日常的教学中是怎样教学分式方程的？你认为小学阶段该不该出现这样的题目？你的学生在尝试做这些题目的时候会用哪些方法？会出现哪些典型错例呢？可以与我们分享一下。

5.3.2　七年级解方程测试中的典型错例分析

笔者所在的学校是九年一贯制学校，常常听初中部的老师抱怨：小学老师是怎么教方程的？有些学生到了初中在解方程时仍然是格式不对，书写不对，计算不对，方法不对……小学老师曾费了很大精力教完的解方程，似乎没有在学生脑海中留下深刻印象。

> **思考**
>
> 你认为解方程这部分内容安排在小学合适吗？理由是什么？假设直接在初中学习解方程，可以吗？理由又是什么？

七年级的解方程和小学阶段的解方程属于两个不同的水平层次。七年级开始就要学习有关代数式的各种知识，其中合并同类项、去分母、去括号是七年级上学期学生必须掌握的解方程的三种方法。这三种方法在小学阶段没有被提炼出来，只是在不断的练习中让学生感悟合并同类项其实就是运用乘法分配律，去分母其实就是先把分数写成除法的形式然后再运用等式的性质去变形，去括号其实就是根据减法的性质或者除法的性质进行简便计算。而到了七年级，一方面，七年级的教师不了解学生在小学阶段的解方程究竟学到了哪种程度，教学中出现了一定程度上的脱节现象；另一方面，七年级的学生一看到解方程，便扬扬得意，以为自己都学过了，都会做了，在学习新知识的时候态度不端正，试图用小学的解方程方法来解初中的复杂方程，这在一定程度上影响了其学习一元一次方程的兴趣和热情，导致一部分学生用旧经验解新方程。这或许就是七年级教师带不动七年级的学生学习解方程的部分原因吧。

七年级解方程的典型错例都有哪些呢？和小学解方程的教学又有哪些

联系呢？

错例一：移项不变号。

> 题目：$2x-1=7+x$.
>
> 解：移项，得 $2x+x=7-1$.

这个错例中有两处移项没有变号：一处是左边的 -1 移到右边没有变号，另一处是右边的 x 移到左边没有变号。小学阶段，教师要求学生要把等式两边同时加 1 和同时减 x 的过程写出来。而到了七年级，教师就不要求写了。移项说到底还是等式性质的运用，建议七年级的教师在讲移项的时候和等式的性质结合在一起，先让学生理解移项的原理，再去记忆变号的规则。如果学生实在觉得有困难，建议先允许一部分学生把过程写上之后再擦掉，给学生一个缓冲的时间。

错例二：不是移项也变号。

> 题目：$x+2-3x-6=0$.
>
> 解：移项，得 $x+3x+2-6=0$.

这个例子中的第一步变形就错了，学生误把交换加数的位置当作移项来处理了。确实，交换加数的位置也是移动了其中的单项式，但为什么此种情况却不能变符号呢？建议教师为学生提供大量的例子来说明此移动非彼移动。移项指的是一个数或一个式从"="的左边移到右边或从"="的右边移到左边，这个移动是以"="为标准的，可以想象天平图示，只有变了符号才能想保持天平的平衡。而在一个多项式里，移动其中的数或式，它所属的数的正负性是不变的，可以把这些数或式都看作这个多项式的一个加数，因此教学单项式和多项式的时候，这一点还是要特别说明。

错例三：去括号漏乘。

> 题目：$5(x-1)=x+3$.
>
> 解：去括号，得 $5x-1=x+3$.

这个例子同样在第一步就错了，原因是去括号时乘法分配律没有用好。如果说合并同类项是乘法分配律的正向运用的话，那么去括号就是乘法分配律的逆向运用。这种错误常常被笔者所在学校的初中教师视为低级错误，也是常常引发他们抱怨小学教师没有教好的一个主要因素。因为乘法分配律在小学四年级就已经学过了，而且在小学各种花式的变形中，学生对于乘法分配律这一知识可谓达到了"登峰造极"的运用水平。可是，为什么一到七年级，学生还会"坚持不懈"地犯这样的低级错误呢？其实小学阶段的乘法分配律都是运用拆数法、并数法等在数与数之间进行"数字游戏"。可是初中阶段却不同，要求学生把乘法分配律扩充到带有字母的运算当中，带着字母运算对学生来说本身就是一个难点，再带着字母运用定律进行运算那就是难上加难。因此，初中教师也可以有针对性地进行专项训练，让学生能够把小学阶段学到的运算定律顺利地运用到初中复杂的解方程中。

5.3.3 解方程后测的教学启示

> **思考**
>
> 笔者曾经给几位朋友的孩子上过关于数学学科的小升初衔接课程，也曾经做过关于数学学科小升初的小课题研究。每一次看到学生被符号折磨得"死去活来"、欲哭无泪的时候，就特别有感触。你有过相关的经历吗？在你看来，解方程的教学在小升初阶段承担着怎样的角色呢？通过对这些后测中典型错例的分析，你得到了哪些启示呢？

启示一：关于字母运算。

小学教师在教学中可以适当增加含有字母的运算，也就是比较简单的代数式的化简。比如 $3x+5x$，$8a-4a$，$\dfrac{1}{y}+\dfrac{1}{2y}$，$\dfrac{2}{3b}-\dfrac{2}{4b}$，等等。

初中教师在教学中可以适当增加一些关于代数式的运算，也就是运用小学阶段运算定律进行代数式的运算。比如 $5(z-7)$，$8(6+c)$，$(b+c)\times\dfrac{2}{7}$，

$(6-f)\times\dfrac{3}{4}$，等等。通过这些练习，让学生掌握去括号的方法。

启示二：关于交换位置。

小学教师在教学中可适当补充一些规律，可以把这些规律用形象的比喻表述出来，让学生理解交换位置的方法。让学生在计算结束后，观察每一个等式的左右两边什么变了，什么没变。可以多举几个例子来说明，两个数的位置交换了，但是每个数前面的符号没有变；还可以通过上车下车等具体情境帮助学生理解；还可以把这个规律比喻为"背着自己的书包换位置"，自己就相当于是这个数，自己的书包就相当于这个数前面的符号，不能轻易把自己的书包换成别人的书包。比如100-28-38=100-38-28，100+28-38=100-38+28，100-28+38= 100+38-28，100+28+38=100+38+28。

初中教师可以适当增加一些含有字母的代数式交换位置的练习，因为七年级中的解方程需要合并同类项，而合并同类项的第一步就是要重新"站队"，如果学生不会"背着书包"重新找"位置"的话，这个方程的变形就会失败，一旦在代数式的化简上出现错误，后边的步骤就会一错到底。还要说明这样的"站队"只适合在同一级的运算中，两级运算是不可以这么重新"站队"的。比如$a+b+c=a+c+b$，$a-b+c=a+c-b$，$a+b-c=a-c+b$，$a-b-c=a-c-b$。

启示三：关于互相抵消。

"抵消"这个词在初中解方程中要经常用到，但是从来没有在教材上的哪一页或者哪一个知识点告诉教师和学生什么是抵消，什么情况下可以抵消，抵消后有什么好处。

其实在一年级的练习题中就有15+7-7这样的题目，有关这样的题目还散见于教材的各册练习题中。只不过教材没有明确说明，教师也不知道该不该讲。有的教师为了方便教学，在合适的时候就告诉学生什么叫做互相抵消，有的教师认为既然教材中没有明确说明那还是不讲为好。

笔者在一年级讲15+7-7这道练习题的时候是这样处理的：

5 解方程的学情调查研究

第一步:计算下面各题。

15+7-7,12+5-5,13-7+7,16-9+9,11+2-2,14+6-6,17-8+8,18+9-9,10-4+4。

第二步:观察得数的特征,发现了什么规律?

(加上一个数再减去这个数,得数和原数相同;减去一个数再加上一个数,得数和原数相同)

第三步:思考为什么会和原来的数相同。举个例子来说明。

比如,我有15支铅笔,送给好朋友7支,好朋友也送给我7支,我现在有几支铅笔?等等。

第四步:小结。像这样加上一个数再减去这个数,或者减去一个数再加上这个数,我们不用计算就能直接知道得数。这种方法叫互相抵消法。

第五步:说一说,以上算式中哪两个数互相抵消了?为什么?

第六步:你能再举几个这样的算式让别的小朋友算一算吗?

当然,互相抵消的教学不是一蹴而就的,在教学完表内乘除法之后,还可以再设计一个小环节来教学乘一个数再除以这个数或者除以一个数再乘这个数,同样也是互相抵消。

如果小学教师在小学阶段渗透了互相抵消的规律,那么学生在初中解方程时,对于经常要用到的互相抵消就可以得心应手了。

同时,初中教师教学互相抵消要和代数式的化简结合在一起进行教学。比如 $x+8-7$,$y-6+2$,$7-4x+2x$,$9+8x-3x$,等等。

有加有减,可以抵消一部分。加上一个数再减去一个数或者减去一个数再加上一个数时,先看加得多还是减得多,加得多就加上两数之差,减得多就减去两数之差。这其实就是七年级学的有理数加减法的计算法则。

6 解方程的教学设计研究与启示

面对同样的内容，不同的教师会有不同的教学思路，选择不同的教学方法。如同"世界上没有完全相同的两片叶子"一样，教学中也没有完全相同的两节课。如果把呈现给我们的教材比作导演精心打造的舞台剧的话，那么我们每一位教师就应该成为诠释剧情的最佳解说者、评论者、传递者。这就是教学设计的魅力所在。

教学设计有自己的一套理论体系和实践操作体系。本章以教学设计理论为依据，以解方程教学设计为案例，通过分析研究，实现前五章研究内容的"落地生根"。因为不论是上位知识还是课程标准，不论是理论基础还是教材分析，不论是前测分析还是后测错例分析，都是为了在教学设计中更好地体现执教者对课标教材及学生的深入理解，教学设计中的每一个环节，每一句话，每一道习题都承载着设计者的功底和理念。

解方程的教学内容从 1978 年进入小学教材开始，至今也有 40 余年了，这期间还经历了解方程依据的变化过程。从 2001 年实验课标提倡用等式的基本性质解方程，到 2011 年修改课标明确提出用等式的基本性质解方程，也经过了 10 年的历程。翻看有关小学数学的一些期刊，几乎很少有解方程的相关教学设计文章发表；在百度引擎上搜索，解方程的教学设计也几乎都是"民间"作品，非名家设计。这也在一定程度上说明解方程教学在小学阶段尚处于摸索阶段。

6.1 教学设计相关理论
6.1.1 什么是设计

> **思考**
> 看到"设计"这个词,你都会想到哪些设计呢?

不同的工具书对设计有不同的解释。

《现代汉语词典》中,将其动词含义表述为在正式做某项工作之前,根据一定的目的要求,预先制定方法、图样等。

从这个简短的定义中,我们可以看到"之前""预先"两个词,这说明设计的时间是在工作之前;还可以看到"目的"这个词,这说明设计的依据是目的。联想到教学设计,应该是在上课前,根据一定的目的设计的教学过程,这里特别强调了目的的重要性。

《辞海》中的定义是:根据一定的目的要求,预先制定方案、图样等。

这个定义中加了一个词,即"要求"。那么从教学设计中的教学目的和教学要求来看,是否也要分清楚教学目的和教学要求的区别与联系呢?教学目的指的是最终要达到的那些教学指标,教学要求指的是在教学过程中需要特别注意的地方。笔者认为,二者不可混为一谈。

百度百科中的定义是:设计是把一种计划、规划、设想通过视觉的形式传达出来的活动过程,是对事物统筹规划的过程的总称。

这个定义中的关键词是"视觉形式",也就是说设计是要看得见摸得着的。教学设计的传达除了文字之外,还可以包括视频、音频、PPT 演示文稿等可视化的文件。

从以上三个定义中找到其相同之处,即设计是人类特有的行为,一切有目的的人类活动都含有设计的因素。比如装修设计、活动设计、板书设计、组织设计、城市设计、艺术设计、平面设计、服装设计,等等。教学设计只是众多设计种类中的一种。

6.1.2 什么是教学设计

> **思考**
> 根据上述"设计"的相关定义，你可以给教学设计下个定义吗？

不同专家从各自的研究视角出发给出了不同的定义。

加涅在《教学设计原理》中给出的定义为：教学设计是一个系统化规划教学系统的过程。教学系统本身是对资源和程序做出有利于学习的安排。

这个定义中的"系统化"说明了教学设计的一个特点。教学设计不是零散的、随意的、想做什么就做什么的"天马行空"，而是要对"资源"和"程序"进行合理安排的系统化的过程，这个安排的目的就是要有利于学生的学习。

帕顿在《什么是教学设计》中给出的定义为：教学设计是设计科学大家庭的一员，设计科学各成员的共同特征是用科学原理及应用来满足人的需要。因此，教学设计是对学业业绩问题的解决措施进行策划的过程。

这个定义中把教学设计和其他门类的设计相提并论，使教学设计名正言顺地具备了设计创新性、普适性的特点。而且明确提出教学设计和学业业绩相关联，甚至是对解决学业业绩问题所采取措施的规划。

北京师范大学教授乌美娜在《教学设计》中给出的定义为：教学设计是运用系统方法分析教学问题和确定教学目标，建立解决教学问题的策略方案、实行解决方案、评价试行结果和对方案进行修改的过程。

这个定义结合了加涅的系统论和帕顿的策划论，丰富了教学设计的内涵。教学设计不仅只是策划解决问题的方案，还要评价试行结果和对方案进行修改。也就是我们经常说的课后反思之后的"二度教学设计"。

内蒙古师范大学教授李龙在《教学设计》中给出的定义为：教学设计是依据对学习需求的分析，提出解决问题的最佳方案，使教育教学绩效得到改善的系统决策过程。

这个定义中提出了"对学习需求的分析"，即我们所说的学情分析。也就是说教学设计不仅仅是教师自己的"一厢情愿"，更重要的依据是学生的

6 解方程的教学设计研究与启示

学习需求，离开了学生的学习需求，再系统的设计也是无源之水，无本之木。

> **思考**
> 笔者选择了四位教育学者的理论，对教学设计的概念进行了简单的分析。此时你对教学设计是否已经有了一定的了解？你能结合自己的日常教学工作，说一说自己心目中的教学设计是怎样定义的吗？

通过学习这些教育学者的理论定义，结合自己的教学经验，笔者提出了适合自己的教学设计概念。教学设计就是根据教学对象和教学内容，确定合适的教学起点与终点，将教学要素有序安排并优化，形成教学方案，修改教学方案的过程。

这个概念中强调的是以下三点：

第一，教学设计必须有确定的教学对象和教学内容；

第二，教学设计是将教学要素有目的、有计划、有序地安排，以达到最优组合；

第三，教学设计仅是对教学系统的预先分析与决策，是一个制定教学计划的过程，而非教学实施，但它是教学实施必不可少的依据。

6.1.3 教学设计理论的发展过程梳理

> **思考**
> 教学设计是 20 世纪 60 年代以来逐渐形成和发展起来的一门新的具有较强实践性的应用学科，是教育技术学领域中很重要的一个分支。你知道教学设计的发展过程吗？

笔者简单地梳理了教学设计从萌芽到现在的发展脉络。

杜威关于建立一种教学理论和实践之间的中介桥梁科学的思想和桑代克的操作性条件反射是教学设计思想的萌芽。其作为一种理论知识体系而建立，始于第二次世界大战期间对士兵的成功训练。

20 世纪 50 年代中期至 60 年代中期，程序教学、行为目标理论在教学实践中的应用促成了教学设计学科的诞生。20 世纪 60 年代末，借鉴了系统科学思想的教学系统方法形成,并在各层次教学设计中得到应用。

20世纪70年代以来,教学设计理论成为一门独立的学科,是认知心理学、系统科学等相关理论的研究成果。

20世纪80年代中期,教学设计被引入我国,经过30多年的努力,教学设计成为当前教学研究领域较为活跃的热点之一。

21世纪以来,信息化教学设计兴起,以多媒体技术、计算机网络技术为代表的信息技术在教育领域的应用日益广泛。

6.1.4 我国教学设计理论的指导思想

> **思考**
> 我国对教学设计的研究始于20世纪80年代中期,经过30多年的努力,无论在理论方面还是在实践方面都已取得了可喜的进步和发展,教学设计已经成为一门较为成熟的学科。你知道这30多年指导我们教师进行教学设计的思想都有哪些吗?

第一代教学设计理论:

强调教师的教,不论是学习需要分析、学习内容分析,还是教学策略(包括教学活动程序、教学方法、教学模式、教学组织形式、教学媒体)的选择,都是以帮助教师如何更好地发挥主导作用、如何更好地完成教学任务为出发点的。

第二代教学设计理论:

受建构主义的影响,注重学生的学,注重学习任务的分析、学习环境的设计、自主学习策略和协作学习策略的选择与设计。

第三代教学设计理论:

主导—主体教学设计,是由我国教育技术界专家、东北师范大学何克抗教授在深入分析了以教为主的教学系统设计和以学为主的教学设计模式各自的优缺点的基础上,结合我国教育实际和社会对新型人才培养的需求,将两种模式取长补短,提出的"双主"教学系统设计思想,初步建立了符合我国国情的教学设计理论。

6 解方程的教学设计研究与启示

知识分类与目标导向教学设计，是由我国教育心理学专家、华东师范大学皮连生教授结合国外教学设计理论和我国教学设计现状提出来的。该设计的核心是根据现代认知心理学理论，依据知识的类型和知识学习的阶段设计相应的教学。其设计步骤为：

第一，确定教学目标，即教师必须描述学生将形成何种新能力。

第二，分析教学任务。

①根据知识分类的观点，明确教学目标中的知识类型。

②确定学生的起点能力。

③分析从起点能力到终点能力之间的从属能力。

④确定知识学习的阶段，由此决定课的类型。

第三，根据知识学习的阶段和课的类型，设计相应的教学方法或技术。

目前来看，我们一线教师的设计理论基本上来自皮连生教授的这一理论，因为它是可操作的、可测量的、可复制的教学设计模式。

6.2 小学阶段解方程的教学设计、评价及反思

6.2.1 人教版教材五年级上册解方程教学设计及评价

> **思考**
> 不同版本教材的编写体系不同，编写特点不同，学生的学习基础不同，因而教学设计也会不同。下面是人教版五年级上册的解方程第一课时的教学设计。请你从自己的教学经验出发，想一想，这样的设计合理吗？

这个教学设计是在笔者的指导下，由杭州师范大学东城实验学校斯瑶老师执教的一节课。上课之前对学生进行了前测，前测分析见本书第五章第一节中的相关内容。本部分是试教两次之后的第三次教学设计，经过了策划、试行、修改的教学设计全过程。

【教学内容】

人教版教材小学数学五年级上册第 67 页例 1。

《 解方程教学研究

【教学目标】

①初步理解"方程的解"和"解方程"的含义以及联系与区别。

②进一步理解等式的基本性质,并能用它求出方程的解。

③促进学生良好书写习惯的形成,培养学生自觉检验的习惯。

④在观察、猜想、验证等数学活动中,发展学生的数学素养,渗透数形结合的思想和转化的思想。

【教学重难点】

教学重点:用等式的性质解形如 $x \pm a=b$,$ax=b$,$x \div a=b$ 的方程。

教学难点:用等式的性质解形如 $a-x=b$,$a \div x=b$ 的方程。

指导建议:教学重点留下 $x \pm a=b$ 就可以了,后边两个方程去掉。因为本节课是学生第一次学习解方程的知识,虽然表面上看起来方程很简单,但是方程的一套话语体系用起来并不轻松。本节课的主要目的不是求出 x 的值,而是用欣赏的眼光学会用另一种方法解决问题。同样,本节课的教学难点并不是求出方程的解,而是理解用等式基本性质解方程的原理。因为求解是很容易的事情,不用计算,学生一眼看过去就知道 $x+3=9$,那么 x 一定就是6。五年级的学生可以轻而易举地求这个方程的解,但是理解用等式的性质解方程就不那么容易了。

【教学过程】

一、导入

1. 出示天平图,请你列出方程,求小砝码有几克?

预设:$100+x=150$ g,$x=150-100=50$ g。

师:你的依据是什么?

预设:求一个加数就等于和减另一个加数。

6 解方程的教学设计研究与启示

2. 出示方程 $2x+6=7x-4$ 的天平图。

师：刚才同学们用加法中各部分之间的关系求出了 x。现在你还能用刚才的方法解决 x 等于几吗？

师：为什么不能用刚才的方法了呢？老师给你些提示吧！（出示天平图①和图②）

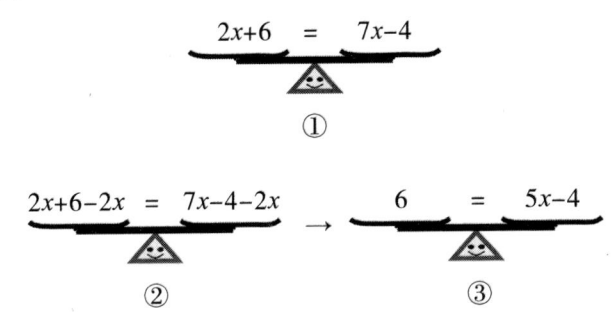

$$2x+6 = 7x-4$$
①

$$2x+6-2x = 7x-4-2x \rightarrow 6 = 5x-4$$
② ③

等式两边同时减去（　　），等式两边仍然相等。

师：从天平图①到天平图②，发生了什么变化？为什么天平还是平衡的？

预设：等式两边同时减去 $2x$，等式两边仍然相等。

师：将天平图②的两边化简后，两边分别变成了什么？（出示天平图③）

预设：$6=5x-4$。

追问：6 是怎么得来的？$5x-4$ 呢？

师：从天平图③到天平图④，发生了什么变化？为什么天平仍然平衡？（出示天平图④）

预设：天平两边同时加上 4，等式两边仍然相等。

$$6+4 = 5x-4+4 \rightarrow 10 = 5x$$
④ ⑤

等式两边同时加上（　　），等式两边仍然相等。

师：天平图④中的等式怎样化简？（出示天平图⑤）

预设：$10=5x$。

165

《解方程教学研究

师：从天平图⑤到天平图⑥，发生了什么变化，为什么天平仍然相等？同桌互相说一说。（出示天平图⑥）

预设：等式两边同时除以5，等式两边仍然相等。

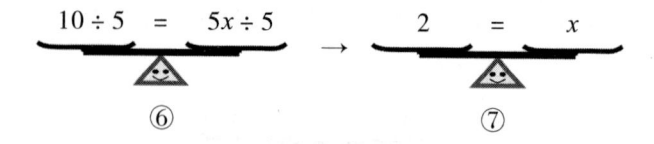

$$10÷5 = 5x÷5 \rightarrow 2 = x$$

⑥　　　　　　　⑦

等式两边同时除以（　），等式两边仍然相等。

［课件演示 $-2x$，$+4$，$÷5$，并让学生快速抢答：天平两边同时（　），等式两边（　）］

师：回顾一下，刚才我们用了哪些知识求得 $x=2$？

预设：等式的基本性质。

揭题：用等式的基本性质解方程可以解决我们以前利用各部分之间关系解决不了的方程。今天我们就来学习利用等式的基本性质来解方程。（板书：解方程）

· 指导建议：$100+x=150$ 中数量关系比较简单，学生很容易根据天平图示中的平衡关系得出 $100+50=150$，所以 $x=50$。为了让学生尽快进入用等式基本性质解方程的学习，我们设计了 $2x+6=7x-4$。这是一个比较抽象的数量关系，比较复杂的等式。在这个等式中，学生无法一眼看出 x 的值，需要运用等式的基本性质对等式进行不断变形，通过变形化简等式，让学生感受等式的基本性质的奇妙作用，对今天学习的知识产生兴趣。教师在揭示课题时应该把这个目的明确地告诉学生。当我们遇到一眼看不出 x 值的方程的时候，就要用到等式的基本性质。虽然等式的基本性质是用来解较复杂的方程的，但是我们要从解最简单的方程开始学起。先学会走路，再学会跑步。教师这样的引导更会让学生静下心来学习求 x 值之外的知识。

二、新授

（一）教学形如 $x+a=b$ 的方程

课件出示：

6 解方程的教学设计研究与启示

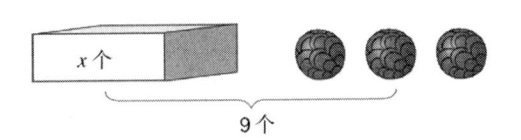

师：请你根据图，列出方程。

预设：3+x=9，9-x=3，9-3=x，9=3+x。

师：哪一个算式能直接得到结果？

预设：9-3=6。

师：我们已经知道了 x 的值是6，怎样用等式的基本性质来解释呢？老师把这幅图放在天平图上。你能看懂吗？左边表示什么？右边表示什么？

课件出示：

师：请你在练习纸的第一题中画一画，想一想怎样才能既使天平保持平衡又能得出 x 的值。（学生练习）

（投影展示）

师：说一说，你是怎么画的？

预设：两边同时去掉3个球。

（课件演示）

师：请你在练习纸上试着写出刚才的演示过程。

师：（引导）先写"解"字，表示要开始解方程了。解的过程中等号要对齐，为什么？（板书：解：x+3-3=9-3）

预设：方程的每一步都是等式，等号就像天平的支点，等号的两边始终相等，所以等号对齐。

师：为什么要同时减去3，而不是1呢？

预设：减去3后，左边就只剩下 x 了。

师：为什么还是相等？

《 解方程教学研究

预设：等式两边同时减去一个数，等式两边仍然相等。

师：x等于几？（补充板书：$x=6$）

师：如果是这样的天平，你觉得怎样变换才能既让天平保持平衡又可以看出x等于多少呢？

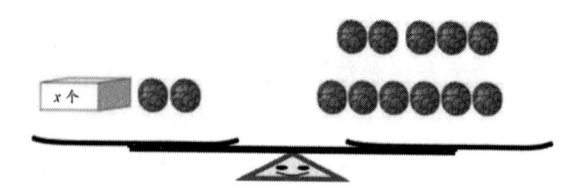

预设：两边同时去掉两个。

师：为什么要同时？

预设：等式的基本性质1。

师：为什么是去掉两个？

预设：那左边就只剩x了。

师：你能学着老师的样子，把这个变换的过程用方程表示出来吗？

（学生独立完成，学生板书）

预设：解：$x+2=11$，

$x+2-2=11-2$，

$x=9$.

师：书写的过程中，有什么要注意的？

预设：先写"解"字，等号对齐。

小结：在解方程的过程中，要先写"解"字，每一步等号都要对齐。

指导建议：我们已经知道了$x=6$，为什么还要用等式的基本性质来解方程呢？这里一定要特别强调我们是用等式的基本性质来解释这个结果，"解释"这个词会让学生主动地去寻找等式基本性质的原理，并通过天平图示中左右两边的变化感悟等式的基本性质在解方程过程中的运用。上面图示中的变化只有两次，建议最少变三次，每一次都可以直接让学生在图上画一画，圈一圈，写出相应的方程以及变化的过程，然后再反馈。

师：老师把图形去掉，在天平两边放了两个式子，左边是$x+5$，右边是 18，你还会列出方程并解出来吗？试一试。

（学生独立完成后反馈。教师板书）

师：怎样能够判断 $x=13$ 正确？

预设：将 $x=13$ 代入原来的方程中，看看等式两边是否相等。

师：自主阅读教材第 87 页，学习验算的格式，然后进行验算。

（学生独立完成后反馈，教师板书）

方程左边 $=x+2$，

$\qquad =9+2$，

$\qquad =11$，

$\qquad =$ 方程右边．

所以，$x=2$ 是方程的解．

师：先将 $x=2$ 代入方程左边，计算出结果后，若和方程的右边相等，那么 $x=2$ 就是方程的解。

指导建议：因为刚刚练习的是 $x+5=18$ 这个方程，在检验的时候，教师板书的是 $x+2=11$ 的检验方法，教学环节出现断层和跳跃，没有衔接好前后知识的教学程序。建议这里变成 $x+5=18$ 的检验过程。然后再口头检验人教版 2013 年版教材五年级上册第 68 页"做一做"第一题，巩固检验的格式和方法。

师：你能口头检验前面这道题吗？

（指名学生口述检验）

师：在阅读的过程中，你一定发现了这两句话。一起来读一读：

使方程左右两边相等的未知数的值，叫做方程的解。

求方程的解的过程叫做解方程。

师：你能用自己的话来说说什么是方程的解和解方程吗？

预设：解方程是求解的过程，方程的解是这个未知数的值。

师：比较，解这三个方程有什么相同的地方？

预设：两边同时减去一个数，使方程一边只剩下 x。运用了等式的基本性质。

《 解方程教学研究

师：为什么可以用等式的基本性质1？

预设：他们都是 x 加上一个数。

小结：两边同时减去一个数，使方程一边只剩下 x，这样就能求出方程的解了。

（二）教学形如 $x-a=b$ 的方程

师：如果老师的天平图左右两边是这样两个式子，你还会列方程并解吗？试一试。

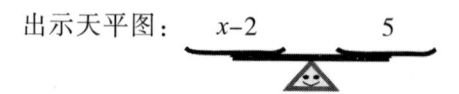

出示天平图： $x-2$ 5

（学生独立列方程并求解，学生反馈，教师板书）

师：能用一个具体的情境来解释吗？

师：你能用方程把这一过程表示出来吗？写在练习纸上。（学生练习）

师：现在在脑海中想象这架天平，求出 $x-1.5=4$ 的解。

（学生反馈，教师板书）

师：为什么同时加1.5？

预设：两边同时加1.5，左边只剩 x，等式两边仍然相等。

师：等式的基本性质也适用于小数。

师：观察这两个方程，在求解的过程中有什么相同之处？

预设：都是 x 减几等于几。两边同时加上一个数，使方程一边只剩 x。

指导建议：对于 $x-a=b$ 的方程，教师只用了两个例子，一个是整数的，一个是小数的，建议再增加一个减数和差都是小数的方程，然后脱离天平图示的支撑，让学生用等式的基本性质解方程并检验，巩固解方程和检验解的格式、步骤。

师：再观察黑板上的5个方程。在求解的过程中有什么相同之处？

预设1：无论加几减几，都要让方程一边只剩 x。

预设2：都利用了等式的基本性质。

小结：我们运用等式的基本性质，无论同时加上一个相同的数还是同时减去一个相同的数，目的都是使方程的一边只剩下 x。

6 解方程的教学设计研究与启示

三、巩固练习

1. 解方程。

15+x=43 x-5.8=3.6

师：为什么同时减去15？为什么同时加上5.8？

指导建议：这里可以追问学生一个问题，在第一个加法的方程里，等号两边同时要减去15而在第二个减法的方程里，等号两边反而要加上5.8，这是为什么呢？然后再补充几个不同的加减数量关系的方程，让学生快速且准确地说出等号两边同时（　　），从而熟练等式的基本性质在解方程中的运用。

小结：解方程的过程其实就是把方程进行变形的过程，在变形的过程中要运用好等式的基本性质，直到变形为x等于几的形式，那么x也就求出来了。

2. 师：如果老师把x的位置变一变，你还会用等式的基本性质给这个方程变形吗？请你完成下面的练习。

   8-x=2

   8-x○（　　）=2○（　　）

预设1：8-x+x=2+x

预设2：8-x-8=2-8

师：你们同意哪一种？说说你的理由。

预设：第一种，两边同时加x，就变成了8=2+x，和之前学的一样。而第二种，两边同时减8，就不够减了。

师：两种方法都正确，但第二种等到初中学了负数和移项的时候就可以继续求解了。目前我们只能利用两边同时加上x，进行变形。

师：两边同时加上x后，转化成了哪一种类型？

预设：第一种。

师：8=2+x，要让天平的一边只剩x，怎么办？

预设：两边同时减2。

（教师板书学生正确的格式写法）

师：看一看，你真的会变形了吗？15-x=6，8.8-x=4，4.6-x=1.8，这些方程你准备怎样变？（课件出示）

> 解方程教学研究

师：观察一下，在解这几道方程的过程中有什么相同之处？

预设：都是减 x，等式两边同时加上 x。

小结：当出现减 x 的时候，可以在等式两边同时加上 x，转化成第一种类型，再求解。

3. 师：现在老师把 x 的位置又变了，你会根据等式的基本性质变形吗？完成下面的练习。

$3x+5=8$

$3x \bigcirc (\quad) = 8 \bigcirc (\quad)$

预设1：两边同时减去5，就剩下 $3x=3$。

师：为什么同时减去5？

预设：减去5后左边只剩 $3x$ 了。

师：接下去怎么办？

预设：两边同时除以3。

师：根据什么？

预设：等式的基本性质2。

师：把这个方程变形为 x 等于几的形式，要经过几次变形？需用到哪些性质？

预设：两次，等式的基本性质1和2。

指导建议：教学设计给出这道题就是为了让学生进行拓展性练习，是为学生下一节课学习例2做准备的，也是为学生学习稍复杂的解方程做准备的。可以不用过多的提问，让学生先去尝试，然后用学生自己的错例来说明要"先……再……"，最后要追问：为什么不先除以3呢？不管学生怎样回答，教师都要小结，根据先算乘再算加的运算顺序，$3x$ 可以看作一个整体。渗透一个整体的由来要有根有据，它的根据就是四则运算的顺序。

四、课堂总结

师：你认为解方程的过程中，有什么要注意的地方？

师：等式的基本性质可以反复使用，只要同学们学会利用等式的基本性质进行变形，就能像老师开始上课时那样顺利求出 x 的值了。

6 解方程的教学设计研究与启示

指导建议：如果有充足的时间，可以再设计一个比较复杂的方程。比如 $2+2x-6=9+x-1$，学生试做之后可以说明：变形的过程其实就是初中要学的移项和合并同类项，今天我们学习的只是最简单的解方程。初中还要学习更复杂的方程，相信同学们能够越学越好！

这个教学设计中的指导建议是在第三次试教之后写的，很遗憾并没有付诸实践。可见，教学设计是一个持续不断的过程，对一节课进行教学设计也是一个持续不断的过程。只要你在思考、在钻研、在进步，就会对一节课有深入的研究。

6.2.2 浙教版教材四年级下册解方程教学设计及评价

> **思考**
>
> 　　浙教版教材的解方程内容安排在四年级下册。学生在此之前已经充分学习了代数式以及图形未知数的推算，因此使用浙教版教材的学生在学习解方程时又不同于使用人教版教材的学生，他们之间的差异其实还是很大的。你可以对比一下这两个教学设计，并从自己的教学经验出发，想一想，它们之间最大的差别在哪里？

　　这个教学设计是笔者在朱乐平名师工作室做的一节研究课，笔者所在的学校使用的是人教版教材，因此对浙教版教材了解较少，对使用浙教版教材的学生了解更少。在教学设计之前，笔者特意前往杭州市天地实验学校，并在该校朱强老师的大力支持下进行了一次前测。前测分析在第五章里已经详尽介绍过，这里不再赘述。由于对学情没有充分的认识，仅凭笔测而没有进行学生访谈的前测终究是不完整的，或者可以说某些前测是会"骗人"的。

【教学内容】

浙教版教材四年级下册第 102—103 页。

【教学目标】

根据课标要求，分析教材编写意图，充分利用前测中的相关数据，制定适合学生学习的教学目标。

《 解方程教学研究

①在实际情境中,进一步理解用含有字母的式子表示数量之间关系的含义,在不等式和等式中巩固方程的意义,明确方程就是表示等量关系的模型。

②借助天平图示体会用等式基本性质解方程的原理(同解变形)以及必要性,初步理解解方程和方程的解的含义。渗透化繁为简的思想方法。

③沟通用等式的基本性质解方程和用四则运算之间的关系解方程的方法,把两种方法的思路统一起来。渗透用联系的观点看待问题的转化思想方法。

④在观察、操作、演示、表达中,规范解方程的步骤和格式,会检验一个具体的值是不是方程的解,掌握检验格式。渗透一一对应的思想方法。

【教学重难点】

教学重点:理解用等式的基本性质解方程的原理。

教学难点:建立两种方法之间的联系。

【教学过程】

一、利用游戏,引入新课:从不等式到等式(从图到式)

1.(出示图6-1)你会用含有字母的式子表示这幅图吗?

图6-1 老鼠与大象玩跷跷板

小结:从左向右看用"<"来连接,从右向左看用">"来连接。

2.(出示图6-2)你会用含有字母的式子表示吗?

图6-2 两只老鼠玩跷跷板

小结:等式的两边都只有一个字母,也是方程。

6 解方程的教学设计研究与启示

3.（出示图6-3）这个天平图能用方程式子表示吗？

图6-3 天平图示

师：你们写出来的等式有三个字母，这还是方程吗？为什么？

师：为了讨论方便，老师把这三个图形所表示的重量分别表示为 a，b，c。它们之间的关系可以表示为 $a=b+c$，也可以表示为 $b+c=a$。

师：刚才有小朋友写的是减法的数量关系（如图6-4），可以吗？

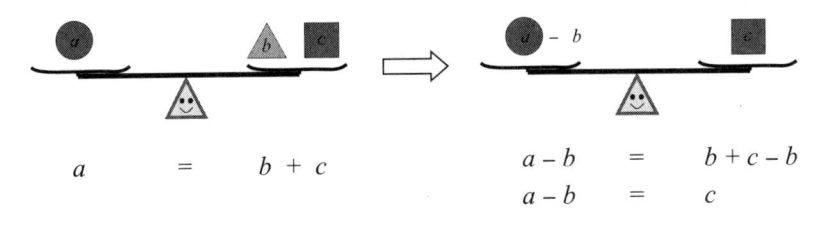

$a = b+c$

$a-b = b+c-b$
$a-b = c$

图6-4 不同天平图示的数量关系表达

小结：天平图示告诉我们的等量关系是 $a=b+c$，小朋友想到的减法数量关系是经过推理得到的，也就是说通过将天平两边同时减去 b 或者 c 得到的。所以图示不同，方程式子也不同。

设计解读：从不等式到等式，突出天平的平衡原理，丰富学生对方程意义的理解。通过 $x=y$ 这种形式渗透方程的对称性。通过建立不同天平图示之间的联系，复习等式的基本性质，并把等式的基本性质与学生的推理结合起来，初步建立等式的基本性质与四则运算各部分关系之间的联系。

二、借助天平，体会变形：从等式到等式（式图结合）

1.你知道这三个未知数的值可能是几吗？还可能是几？有多少种可能？存在这么多可能的依据是什么？

如果老师告诉你 $a=100$，你知道 b 和 c 一定是几吗？如果老师告诉你

《 解方程教学研究

$b=35$,你可以求出 c 的值吗?怎么求?根据是什么?

小结:小朋友们刚才根据天平图示写出来的方程式子其实就是一个等量关系式。不管有多少种可能,都不能离开这个等量关系式。

2.你能很快说出这些方程中 x 的值吗?根据是什么?

$$21x=63 \qquad x-3.5=5.8 \qquad 42\div x=7 \qquad \frac{2}{7}+x=\frac{2}{7}$$

设计意图:追问"可能是几"的目的是进一步体会方程本身就是一种等量关系,就是一个模型。不论3个未知数可能是几,都不能离开原有的模型。学生根据以往的推算经验,很快就能说出这4道小题 x 的值。它有三个作用,一是可以复习四则运算中各部分之间的关系;二是可以和复杂方程进行对比,激发学生学习用等式的基本性质解方程的兴趣;三是为学生探究用等式的基本性质解方程提供简单的学习材料。

3.(出示 $8-2x=9-4x$)你还能很快说出这道题中 x 的值吗?为什么?

师:当我们不能一眼看出各部分之间关系的时候,怎么办呢?

师:这个时候需要天平来"帮忙"了。老师把这个方程放到平衡的天平上,你觉得我们可以根据什么来求这个方程中 x 的值呢?

师:如图6-5,请你检查一下,天平的每一次变化之后是否还平衡?根据是什么?同桌互相说一说。

$8-2x = 9-4x$ ①

$8-2x+4x = 9-4x+4x$ ②

$8+2x = 9$ ③

$8+2x-8 = 9-8$ ④

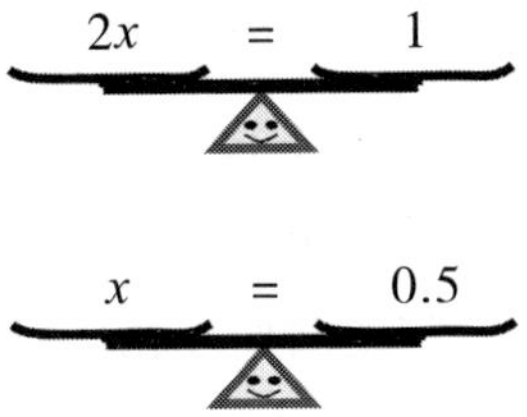

$$2x = 1 \quad ⑤$$

$$x = 0.5 \quad ⑥$$

图 6-5　天平图示

反馈交流。平衡吗？为什么？

①—②，方程两边都加 $4x$，平衡。

②—③，化简，平衡。

③—④，方程两边都减 8，平衡。

④—⑤，化简，平衡。

⑤—⑥，方程两边都除以 2，平衡。

小结：这是七年级上册"一元一次方程"中的一道例题，小朋友们能够借助天平图示，看懂并说明白每一次变化的依据，真是太棒了！

设计解读：这是一个比较复杂的方程，学生用惯性的思维找不到各部分之间的关系，无法用以前已有的经验顺利解决，从而引起学生的认知冲突，激发学生学习另一种解方程方法的兴趣，为学生主动探究用等式的基本性质解方程提供内驱力支撑。教师给出天平，在天平的直观支撑下引导学生看懂每一次变化之后的天平图示，体会等式性质在解方程过程中的一般性和优越性。

4. 老师把天平图示去掉，你还能说出方程每一步变形的依据是什么吗？

$$8-2x = 9-4x$$
$$8-2x+4x = 9-4x+4x,$$
$$8+2x = 9,$$
$$8+2x-8 = 9-8,$$
$$2x = 1,$$
$$x = 0.5.$$

小结：当我们一眼看不出方程各部分之间的关系时，用等式的性质通过方程变形可求出未知数 x 的值。看来等式的性质也是我们求解未知数值

《 解方程教学研究

的好帮手哦!

观察整个求未知数 x 的过程,如果我们把这个方程看作一根绳上的套儿,那么我们就是在用等式的性质一步一步地把这个套儿解开。因此我们把这个过程叫做解方程。在解方程之前要先在方程左边写上一个"解"字,后面点上":",表明要开始解这个"套儿"了。

从这个解方程的过程中,你还能发现解方程的格式需要注意什么吗?

小结:等号对齐,表明天平依然保持平衡,结果仍然是等式。开头写"解",等号对齐,是解方程的两个格式要求。

设计解读:在学生初步体会运用等式的基本性质解方程的必要性之后,把整个解方程的过程从天平图示中抽离出来,通过回顾等式的性质完成对解方程的整体感知。通过观察完整的解方程过程,强调解方程的两个格式,即开头写"解"、等号对齐。这个环节为学生主动探究用等式的基本性质解方程提供了技术支撑。

三、自主探究,沟通联系:从复杂到简单(从式到图)

1. 现在请小朋友们自己尝试着用等式的基本性质解方程。我们先从最简单的方程开始探究。

请你先在每个方程下面画出天平,用等式的基本性质解下面的方程。注意格式哦!

① $35+x=100$ ② $x-3.5=5.8$
③ $5x=80$ ④ $42\div x=7$

2. 反馈交流(实物投影展示学生作品,先学生汇报再集体交流)。

①两边都减去35,平衡;左边剩下 x,右边是100-35,其实就是和减去一个加数。

②两边都加上3.5,平衡;左边剩下 x,右边是5.8+3.5,其实就是差加上减数。

③两边都除以5,平衡;左边剩下 x,右边是80÷5,其实就是积除以一个因数。

④两边都乘 x,变形为 $42=7x$,平衡;通常将含有未知数的代数式写在

6 解方程的教学设计研究与启示

方程左边，变形为 $7x=42$。这样就和 $5x=80$ 这道题一样了。

设计解读：这个环节要给学生足够的时间去尝试。要求学生在方程的下面画天平图的目的在于直观地理解两边同时加或减、乘或除，从而使天平左边最后只剩下 x。通过观察和分析，得出等式的基本性质与各部分之间数量关系两种解方程方法之间的联系。实现这个环节目标的前提是学生对等式性质和四则运算之间关系的表述要清楚明白。如果学生不能用完整的语言表述等式的基本性质或者不能清晰地表述四则运算之间的关系，这个环节的目标就无法达成。因此学生的语言表达在这个环节显得尤为重要。需在前测时进行个别访谈，调查学生这两种表达的准确性和完整性。

3. 观察这四个解方程的过程，它们有什么共同点？

①都可以既用等式的性质，也可以用四则运算之间的关系。

②都想办法让等号的左边只剩下 x。

③开始都要写一个"解"字，然后写"："。

④每一步的等号都要对齐。

小结：我们用最简单的方程探究了利用等式的基本性质解方程的方法，以及这种方法和我们以前推算用的方法之间的联系。不论用哪一种方法解方程，我们都要把方程变形为最后的" $x=$（　）"的形式。

4. 请小朋友们读一读这四个方程的最后结果，我们把这个结果叫做方程的解。请你用" $x=$（　）是方程（　）的解"说一说这四道题目。

想一想，方程的解和解方程是一回事吗？

小结：解方程是一个过程，是求方程的解的过程。方程的解是一个数，是我们求出来的未知数的值。

5. 跟踪练习：看图列方程，并求方程的解（如图6-6）。

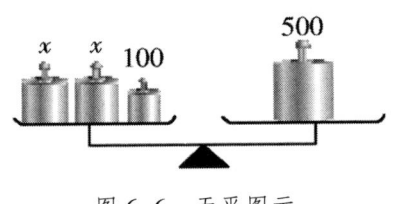

图6-6　天平图示

《 解方程教学研究

说一说，每一步的依据是什么？用等式的基本性质和四则运算之间的关系两种方法来说。

小结：解一道方程题目，每一步都要有依据，这个依据可以是等式的基本性质，也可以是四则运算之间的关系。

四、巩固方法，学会检验：从具体到抽象（有式无图）

1. 没有天平图的帮助，你会解下面的方程吗？还能说出解这个方程每一步的依据吗？

解方程：18（x+14）=540

遇到有括号的方程怎么办？

把括号里的数看作一个整体，也就是把 $x+14$ 的和看作一个整体。如果老师把题目变成 5(12+x)=8x，你还能把括号看作一个整体吗？为什么？

小结：很多时候括号是不能看作一个整体的，我们要根据具体方程灵活判断。

设计解读：用一个带括号的方程引发学生思考在有括号的情况下怎样解方程，同时复习解方程的两种依据，感悟解一个方程可能要多次用到等式的基本性质，且每一次的情况可能都不一样，要根据具体情况灵活运用。鼓励学生用利用乘法分配律先把括号去掉的方法解方程，这也和初中解方程中的去括号相统一。

2. 求出来的 x 的值是这个方程的解吗？这就需要我们对得数进行检验。

你们能想出检验的方法吗？请小朋友们打开书，翻到第102页，看例1和例2的检验方法，用笔圈起来。

检验：18×(16+14)=540

小结：通过把16代入原方程检验，我们知道 $x=16$ 可以使这个方程的左右两边相等，我们就把 $x=16$ 叫做这个方程的解。

3. 用刚才的检验方法判断。说明原因。

后面括号中哪个 x 的值是方程的解？

（1）$x+32=76$　　（$x=44$，$x=108$）

（2）$12-x=4$　　（$x=16$，$x=8$）

180

（3）$4x=6$　　　（$x=1.5$，$x=2$）

（4）$3\div x=1.5$　　（$x=0.5$，$x=2$）

要求说完整：

（1）因为 $44+32=76$，所以 $x=44$ 是方程的解。

（2）因为 $12-8=4$，所以 $x=8$ 是方程的解。

（3）因为 $4\times 1.5=6$，所以 $x=1.5$ 是方程的解。

（4）因为 $3\div 2=1.5$，所以 $x=2$ 是方程的解。

小结：解方程求得的未知数的值就是方程的解，把方程的解代入原方程中检验，看看这个未知数的值可否使原方程左右两边相等。只有使原方程左右两边相等的未知数的值才是这个方程的解。

设计解读："方程的解"这个概念其实并不容易理解。本节课分两次进行教学。第一次是在尝试用等式的基本性质解方程时，通过让学生读一读"$x=$（　）"的形式感悟方程的解是一个数，通过说一说"$x=$（　）是方程（　）"的解，体会不同方程的解是不同的。第二次是在检验这个环节，通过把 x 的值代入原方程再算一次的方法，进一步加深认识，知道方程的解是一个能使原方程左右两边相等的未知数的值。最后通过一个单纯的检验题目完善对方程的解的概念的认知。

五、拓展练习，综合运用：从单一到综合（有图无式）

1. 看图列方程，并求出方程的解。

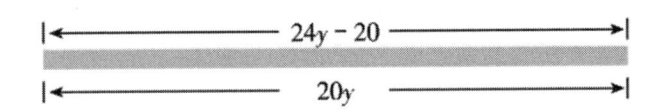

$$24y-20$$

$$20y$$

2. 看图编一道实际应用问题。

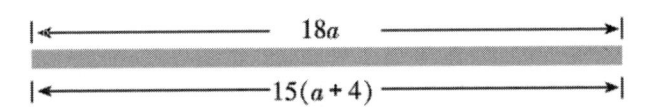

$$18a$$

$$15(a+4)$$

课堂总结：解方程是为了解决实际问题。除了天平这个模型之外，还有线段相等、面积相等、距离相等、速度相等，等等。这些等量关系帮助我们用相等的思路列出方程，然后利用等式的基本性质或者四则运算中各部分之间的关系求出 x 的值，从而顺利解决问题。

【设计总评】本节课的设计注重知识体系，将解方程置于大背景中，帮助学生感悟它与其他知识之间的联系。首先，通过环节一既帮助学生加深对字母表示数的意义和方程概念的理解，对其列方程解决问题做好铺垫，又激活这些经验对解方程的影响。其次，借助直观图示，凸显解方程数学本质。解方程的数学本质是利用同解变形找到未知的值，但同解变形非常抽象，因此小学和中学利用的是比较直观的等式的性质，但对于小学生来说，等式的性质也还是比较抽象的。本节课借助天平图，通过图到式、式到图等环节，让同解变形变得直观且容易理解，符合学生的认知特征。再次，建立两种方法的联系。用四则运算关系还是用等式的基本性质解方程，是很多教师纠结的地方。其实这两种方法并不对立，也不矛盾，相反，两种方法是有联系的。本节课先引导学生用已有的经验即四则运算的关系来解方程；再出示复杂方程，由于学生无法快速解决从而引发认知冲突，凸显出等式性质的优越性；接着让学生用简单的方程探究用等式性质解方程的道理；最后还用简单的方程让学生思考两种方法间的联系，把这两种方法融合在一起。最后，板书设计简明扼要，突出了本节课的知识点和过程。

6.2.3　构思基于评价的教学设计——解方程教学反思

> **思考**
>
> 　　笔者执教之后有幸得到了浙江外国语学院吴卫东教授的点评，吴教授从教师的教学行为到学生的学习行为，从解方程的本质到解方程的格式，给予了深度的评析，使笔者受益匪浅，在此表示感谢。你看了上面的教学设计，有什么好的建议吗？

　　写教学反思的角度可以有很多，笔者拟从教学设计理论中的教学评价出发，结合解方程的教学课例进行教学反思。

　　评价，通常是指对一件事或人物进行判断、分析后的结论。杭州师范大学张华教授在《课程与教学论》中把"教学评价"定义为：依据教学目

6 解方程的教学设计研究与启示

标对教学过程及结果进行价值判断并为教学决策服务的活动,是对教学活动现实的或潜在的价值做出判断的过程。

(1)总体感悟及自我评价

对于同一节课,有无数种设计的方法和思路,判断哪一种是最好的,要看哪一种适合自己。一个再好的教学设计,如果没有自己的东西,依旧会显得没有灵魂。因此,我们需要用很长的时间设计一节课,记录灵感,慢慢梳理直到脉络清晰。

朱乐平老师曾说过:你的课堂你做主。比如,导入环节就引起了激烈的争议,如图6-7。有的教师认为这个环节太"小儿科",毕竟学生已经上小学四年级了,用这样的图片引入不符合学生的认知特点。但是笔者坚持用这几张图片引入新课,因为"我的课堂我做主"。"做主"的理由有三个:一是用卡通画面引起学生的兴趣,迅速拉近笔者和学生的距离。这是借班上课的一个小心思。二是利用天平图示引入新课,唤起学生大脑深处对平衡原理的认知,使其区分不等式和等式的图像信息,并且抽象出最简便最形象的天平图示。三是复习用字母表示数的知识,拓宽学生对于等式和方程本质的认识,丰富学生的符号意识。

引入新课:

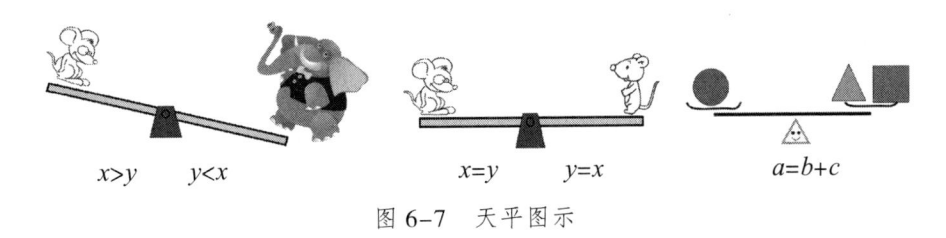

$x>y \quad y<x \qquad x=y \quad y=x \qquad a=b+c$

图6-7 天平图示

(2)对教学目标的自我评价:是否可观察、可测量、可操作

到底用哪种依据解方程也引起过激烈的争论。如图6-8,它具有可观察、可测量、可操作的特点。有的教师认为既然2011年版课标明确提出要用等式的基本性质解方程,那么就要遵照课标来教学。如果还要按照四则运算的规则去教学解方程的话,那就违背了课标的本意。但是笔者从前测中

《 解方程教学研究

发现，使用浙教版教材的学生已经会用推算的经验来求 x 的值，此时，如果撇开他们已有的知识基础，直接教学用等式的基本性质解方程，那就背离了学生的知识起点。于是就有了下面这幅图的环节设计，这个设计的独特之处在于：巧妙地把两种解方程的依据结合在一起，用加、减、乘、除四个简单数量关系的方程做例子，让学生在同一个方程中找到二者之间的联系和区别，并感悟二者之间的共同点，用双箭头把它们联系在一起，对比方程式，发现二者并不矛盾，不论用哪一种方法都能求得 x 的值。这样把新知建构在学生已有的旧知上，顺利从四则运算各部分的关系过渡到等式的基本性质。

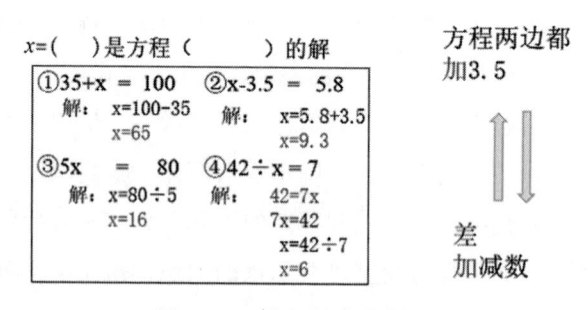

图 6-8 解方程步骤图示

（3）对教学效果的自我评价：我怎么知道已经把他们带到了那里

从课堂气氛上来看，这节课很不符合课程改革的标准，课堂气氛比较沉闷，没有你说、我说、大家说那种热闹的画面，学生和教师之间的互动也缺乏热情。下课铃声响起的时候，笔者就觉得这节课白上了。课上得好与不好，对自己的影响倒是没有那么大，但是从学生的角度考虑，他们这节课花了 40 分钟学到了什么呢？当他们听到下课铃声响起的时候，他们的生命里是否又多了对一节课的感受呢？与课前相比，他们的知识增量体现在哪里呢？

于是笔者把学生的课堂练习全部都收了起来，一张一张仔细分析。从学生的课堂练习中笔者欣喜地发现，学生对本节课用等式性质解方程的感悟还是比较深的。

6 解方程的教学设计研究与启示

全班 32 个学生中,有 28 个学生的解题格式正确,解答正确。尤其是画天平图那道题目,从中可以看出学生对等式性质的理解和运用。

如图 6-9,这位小朋友所绘天平图中间的支点与等号对齐,每一步都画了天平图示。虽然没有两边同时除以 5 的步骤,但是可以看出他已经把两种方法结合在一起了。

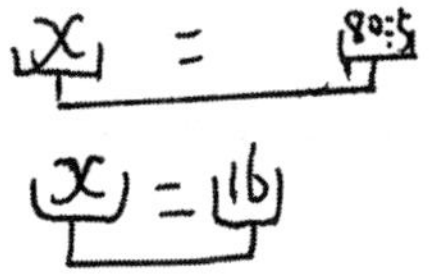

图 6-9 学生练习(一)

在天平图示上懂得了同解变形的道理,虽然老师没有要求按照等式的性质的格式去写,但是这位小朋友在解答中两边都加了 3.5(如图 6-10①);还能把 $42 \div x = 7$ 变形为 $42 = 7x$(如图 6-10②)。

图 6-10 学生练习(二)

如图 6-11,这位小朋友直接用两种方法解方程,而且过程完整。我们可以看到他在天平图示上完整地表示出了用等式的性质解方程的过程。

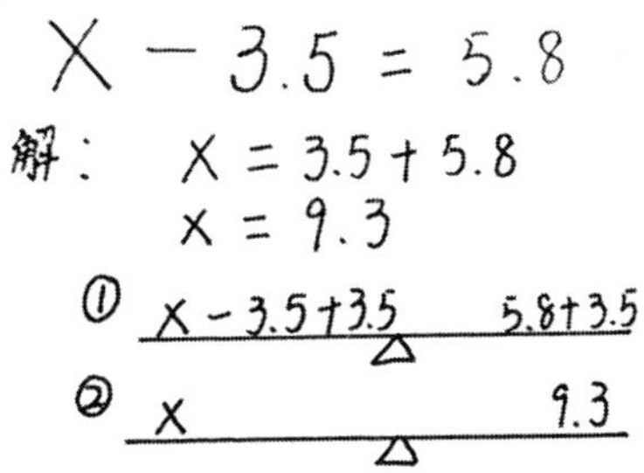

图 6-11 学生练习(三)

≪ 解方程教学研究

以下是四位小朋友的错例,如图 6-12。图①中的小朋友没有写"解"字,也没有求出未知数的值。但是他的天平图示还是很不错的。他能够把支点与等号对齐,说明理解了等式的意义。图②中的小朋友虽写了"解"字,画了天平,但还是用算术的方法得出的得数,解方程的格式也不对。图③中的小朋友在前边写的是"解 x",天平图示画得不错,但也是用算术方法做的。图④中的小朋友居然写了两个"解"字,而且他擅自把原来的 $x-3.5=5.8$ 改为 $x-3.5=x-5.8$,或许他的小脑瓜里想的是同时用 x 减吧。

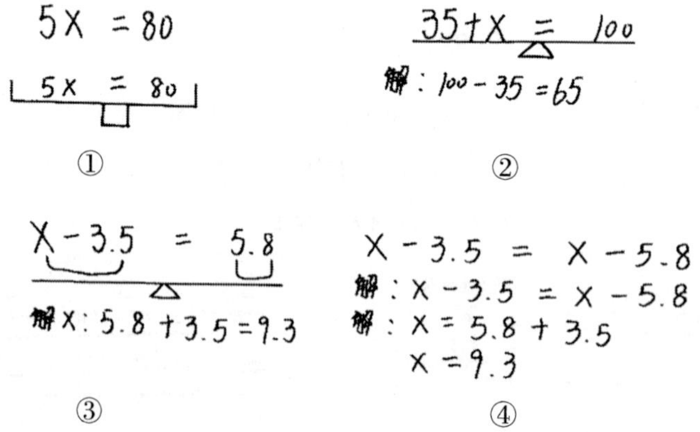

$$5X = 80$$
$$\underline{5X = 80}$$
①

$$35+X = 100$$
解:$100-35=65$
②

$$X-3.5 = 5.8$$
解 X:$5.8+3.5=9.3$
③

$$X-3.5 = X-5.8$$
解:$X-3.5 = X-5.8$
解:$X = 5.8+3.5$
$X = 9.3$
④

图 6-12 错例展示

看完学生的课堂练习后,笔者有几点切身的感受。首先,学生不表达不等于不理解,不说不等于不会做。课堂略显沉闷,这或许和原来班级学生的学习习惯有关,和学生的性格有关。但并不一定是热闹的课堂才是好课堂,有时候安静的课堂也是非常好的课堂。其次,学生课堂练习字迹工整、格式正确,反映出任课教师对学生日常良好的作业习惯的培养。87.5% 的正确率让笔者因课堂沉闷而郁闷的心情一下子缓解了许多。毕竟,学生在这 40 分钟里或多或少学到了一些知识,笔者基本上已经把他们带到了预想的目的地。最后,评价学生学习状态之前既要听还要看。尤其是要走到学生身边,听一听学生最真实的思路和想法,看一看学生的书面表达。因为时间的限制,教师关注不到每位学生,往往只关注了学生的说,尤其是在公开课上，更没有时间和精力好好看一看学生的书面表达。

（4）对板书设计的自我评价：是否突出了重点

```
板书设计 1：
                    解方程
        求          方程的解          过程
    左右两边相等    未知数的值          数
```

板书设计 1 是想突出"解方程"和"方程的解"这两个概念，以及它们之间的联系和区别。从下往上看和从上往下看都能够依次解析。

```
板书设计 2：
            解方程
            方程的解
            未知数的值
            左  =  右
```

板书设计 2 是在突出"解方程"和"方程的解"这两个概念以及它们之间的联系和区别的基础上，突出等式的性质。同样从下往上看和从上往下看都能够依次解析。

笔者在教学中用的是板书设计 2。因为它看起来比较集中，而且突出了解方程的依据。从上往下看，解方程就是求方程的解的过程，求出来的方程的解就是 x 的值，在解方程的过程中始终要保证方程左右两边相等。

总之，前测只能检测学生的纸笔答题能力，无法检测学生的语言表达能力。为了让我们的前测能更有效地为课堂教学服务，必须对多位学生进行访谈。公开课上要有调动学生积极性的技巧，切不可想当然地以为公开课上学生的状态会与预设一样。对于学生的学习起点的分析要细致再细致，对于学生要达到的终点的分析要慎重再慎重。不同版本教材中只有浙教版教材还保留着用四则运算关系解方程的方法，而且也只有浙教版教材不要求学生按照"等式的性质"中的书写格式进行书写。因为要二者兼顾，所以要求学生必须对四则运算之间的关系和等式的性质都非常熟练地运用。熟悉不同版本教材的编排体系以及不同版本下学生对各个知识点掌握的情况,有利于教师更好地把握教材,更好地编写教学设计,更好地实施教学设计。

6.3 基于中小衔接的解方程教学设计及评价

> **思考**
>
> 方程是初中数学的重点内容,用方程这个工具解决实际问题是重要的数学思想方法。解方程是中小学数学衔接与过渡的重要内容,你觉得可以从哪些方面进行衔接呢?小学和初中的教师应该各自做好哪些教学工作呢?

小学教师在开始教学解方程时,要对两种解法进行比较,使学生弄清楚其不同之处,同时让学生感受到复杂一点的方程用四则运算各部分之间的关系是无法解出的。前面介绍的笔者执教和指导的两节课就是采用了这种思路。如 $\frac{1}{40}+\frac{3x}{50}=1$,这类方程很难用以前学的推算经验来求解,从而使学生乐于接受新解法,实现两种解法的自然沟通。

初中教师要了解小学阶段解方程教学的内容以及相关的概念。比如,小学教材中对"方程的解"的定义是这样表述的:使方程左右两边相等的未知数的值,叫做方程的解。通过和初中教材中的这一概念相比较,从中找出它们之间的不同点。初中教材对其的表述为:求出使方程中等号左右两边相等的未知数的值,这个值就是方程的解。虽然总体意思一样,但是概念表述的差异表明初中教材对于要求学生对这一概念的理解和掌握要更加完善和准确。

查阅了大量的资料,发现关于解方程的课例特别少。笔者从这些很少的课例中精挑细选了四个教学设计,其中与四年级内容有关的有一个,与七年级内容有关的有三个。希望通过对这几个课例的研究,达到一个比较粗浅的教学设计综述的目的。

6.3.1 北师大版教材四年级下册解方程教学设计及评价

> **思考**
> 　　小学阶段的方程因教材版本的不同而分布在不同的年级教学，因版本的不同呈现的例题也不相同，且各有特色。你所教学的教材是哪一种版本？你在教学中遇到过哪些问题？

笔者试从黄娟娟老师的《解方程教学三步曲》一文中找到小学教学解方程和初中教学解方程的衔接点，这里引用文中部分观点作为教学设计的起点进行研究。

如何教学教材中回避的"求减数"和"求除数"类型的方程，即 $a-x=b$，$a\div x=b$？

（1）根据数量关系列方程

例1 看图列方程：一共 11 元。

爆米花 x 元　　爆米花 x 元　　汉堡 7 元

根据数量关系"2 包爆米花的价格 +1 个汉堡的价格 = 一共的价格"列方程：$2x+7=11$；也可根据数量关系"一共的价格（11 元）-2 包爆米花的价格（$2x$ 元）= 正好可以买 1 个汉堡的价格（7 元）"列方程：$11-2x=7$。对于 $a-x=b$ 之类的方程，回避教学是行不通的，有必要说明它的解法，如让学生解最简单的方程 $4-x=2$ 和 $0.4\div x=2$。还没开始解，学生就喊："第一题是 $x=2$，第二题是 $x=0.2$。"当要求学生写出过程时，即使喊得最响的学生也无从下手。有写成 $4-x-4=2-4$ 的，也有写成 $4-x-2=2-2$ 的，最终是"莫名其妙"地得出 $x=2$，其实还是一眼看出来的。

（2）讲解 $a-x=b$，$a\div x=b$ 的解法

$4-x=2$	$0.4\div x=2$
解：$4-x+x=2+x$，	解：$0.4\div x\times x=2\times x$，
$4=2+x$，	$0.4=2x$，
$4-2=2+x-2$，	$0.4\div 2=2x\div 2$，
$x=2$.	$x=0.2$.

189

《 解方程教学研究

在讲解时发现，学生对于这两类题为什么这样解，仍然一头雾水。由于受刚刚讲解这两类题的影响，在解一般方程时，部分学生在练习中出现了"东施效颦"的状况。

错例1：$3.5+x=4.9$

解法一：$3.5+x-x=4.9-x$，

$3.5=4.9-x$，

$3.5+4.9=4.9-x+4.9$，

$x=8.4$．

理由："$-x$"可以用"$+x$"抵消，那么"$+x$"也可以用"$-x$"抵消，抵来抵去都抵不掉，所以在等号左右两边都加上4.9。

解法二：$3.5+x-x=4.9-x$

$3.5=4.9-x$，

$3.5-4.9=4.9-x-4.9$．

理由："$+x$"可以用"$-x$"抵消，再抵消4.9，但是左边不够减了。

错例2：$x+5=9$ $x-5-5=8$

解： $x+5-5=9-5$， 推出 解：（先算5-5）

（先算5-5） $x=8$．

$x=4$．

错误的根源是学生对等式的性质理解不透彻。

（3）沟通联系，总结方法

首先，学生必须牢固掌握"天平原理"即"等式的基本性质"。要求每位学生都会解答$x+a=b$，$x-a=b$，$ax=b$，$x÷a=b$这四类方程，如$x+5.6=7.3$，$x-2.9=4.8$，$2.5x=6.4$，$x÷7=0.3$。学生解答后说出每一步过程。

其次，出示$23-x=9$，$80÷x=4$。让学生找出这两个方程和上面四个方程的相同点和不同点。通过比较发现含有加法和乘法数量关系的方程可以运用加法交换律和乘法交换律进行变形，而含有减法和除法数量关系的方程是不能交换未知数与已知数位置的。

要求学生运用天平原理来解这两道未知数在运算符号后面，且不能交换未知数与已知数位置的方程。

6 解方程的教学设计研究与启示

如果在 23-x=9 的等号两边同时加上 23，演算发现，方程 23-x=9 变成了 46-x=32，既没有让方程的左边只剩下 x，还把原来的方程变成了另一个不同的方程。所以等式两边同时加上 23 一定是错误的。那么等式两边同时加上 x 呢？

> 23-x=9
> 解：23-x+x=9+x，（根据等式的性质，两边都加 x）
> 　　　23=9+x．

观察变形之后的式子，结合四则运算各部分的关系，发现符合被减数=差+减数的规律，说明等式的性质和四则运算各部分的关系其实是一致的。

> 9+x=23，（左右交换，变成 $x+a=b$ 的形式）
> 9+x-9=23-9，
> 　　x=14．

按此思路，迁移到 6÷x=2 的解法。

最后小结：$x-a=b$ 与 $a-x=b$ 的算法相同，方程两边同时加一个数；$x\div a=b$ 与 $a\div x=b$ 方程两边同时乘一个数，这个数可以是已知数，也可以是未知数。学生对等式的性质有了更深刻的理解。通过比较、分析、猜测、迁移，教科书一再回避的这两类方程难题迎刃而解。

6.3.2　浙教版教材七年级上册解方程教学设计及评价

> **思考**
>
> 　　浙教版教材自成体系，在小学阶段的解方程教学中就已经进行了大量铺垫，学生对于解方程已经具备了一定的技巧。请你阅读下面的教学设计，试着和徐杰老师的教学设计作一简单的对比，想一想对你的教学有哪些启发。

浙江省杭州市采荷中学教育集团徐杰老师的教学设计为我们的研究提供了很好的案例。这里，笔者拟就其中的部分教学环节作为教学设计进行分析，谈谈自己的一些学习体会。

《 解方程教学研究

【教学内容】

本节课教学的内容是浙教版教材七年级第五章第一节"一元一次方程"。学生在五年级已经知道方程和方程的解的概念,以及等式的两个性质,并能利用等式的性质解简单的一元一次方程(没有学过一元一次方程的概念),并能解决实际问题。在七年级的第四章《代数式》里又学了整式和合并同类项的内容,已经有了必要的知识储备。

义务教育阶段要学习的方程包含一元一次方程、二元一次方程(组)、三元一次方程组(选学内容)、一元二次方程、分式方程(可化为一元一次方程)。在更高年级的学习中还要解更多元和更高次的方程(组),解方程(组)的基本思路是降次和消元,最终转化为一元一次方程。本节课是五年级"简易方程"和"解简易方程"的延续和发展,也是后续学习二元一次方程(组)、一元二次方程、分式方程的基础。内容包含一元一次方程的概念,等式的基本性质,一元一次方程的解法,一元一次方程的应用。

【教学目标】

基于教学内容特殊的地位和作用,本节课的教学目标确定为:

①进一步认识方程及解的概念。

②体验方程的作用和学习一元一次方程的必要性。

③经历"操作—观察—比较—概括"过程,发现和归纳一元一次方程的概念,培养学生观察、发现、归纳能力以及语言表达能力。

④体验用尝试检验法解一元一次方程的思想方法。

【教学重难点】

教学重点:一元一次方程的概念。

教学难点:用尝试检验法解一元一次方程。

【教学过程】

一、根据实际问题中的条件列方程

1. 丢番图是古希腊数学家,他的墓志铭写着:

上帝给予的童年占六分之一,又过十二分之一,两颊长胡,再过七分之一,点燃起结婚的蜡烛。五年之后天赐贵子,可怜迟到的宁馨儿,享年

6 解方程的教学设计研究与启示

仅及其父之半，便进入冰冷的墓。悲伤只有用数论的研究去弥补，又过四年，他也走完了人生的旅途。

你知道丢番图活了多少岁吗？

设计意图：用"丢番图的墓志铭"这一故事引出教学内容。虽然学生习惯于用算术方法解决实际问题，但此题用算术法解难度较大，估计学生无法解决，从而"逼"着学生不得不用方程方法来解决，以此帮助学生认识用方程思想解决实际问题的必要性。

解：设丢番图活了 x 岁，由题意列方程：$x=\dfrac{x}{6}+\dfrac{x}{12}+\dfrac{x}{7}+5+\dfrac{x}{2}+4$.

2. 某长方形操场的面积为 1800 平方米，长比宽多 30 米，求操场的长和宽。设宽为 x 米，长为 y 米，请列出方程。

解：$xy=1800$.

3. 汽车从甲地驶往相距 100 千米的乙地，如果每小时比原计划多行 10 千米，那么能提前半小时到达，原计划每小时行驶多少千米？设原计划每小时行驶 x 千米，请列出方程。

解：$\dfrac{100}{x}-\dfrac{100}{x+10}=\dfrac{1}{2}$.

设计意图：引导学生经历用算术法解决实际问题的困难，产生认知冲突，体会学习方程的必要性，并为学习用尝试检验法解一元一次方程做准备；从实际问题中抽象出方程，体会方程思想，为归纳一元一次方程的概念做准备。

二、根据列出的方程下定义

1. 观察黑板上的三个方程 $x=\dfrac{x}{6}+\dfrac{x}{12}+\dfrac{x}{7}+5+\dfrac{x}{2}+4$，$xy=1800$，$\dfrac{100}{x}-\dfrac{100}{x+10}=\dfrac{1}{2}$，你认为哪个方程可以叫做"一元一次方程"？并说说你的理由。

"一元"表示有一个未知数，"一次"表示所含未知数的最高次数是 1。用这两个标准来衡量，找出这三个方程中的一元一次方程。

（最后明确说明第三个方程不是一元一次方程，然后说明原因，特别强调整式的概念）

2. 判断下列各式，哪些是方程？哪些是一元一次方程？

（1）$3x=4$　　　（2）$\dfrac{3}{x}=4$　　　（3）$1-x$

（4）$1-x^2=0$　　（5）$5-3x=x$　　（6）$3x-2y=1$

3. 思考：如何辨别一元一次方程？

两边都是整式，只有一个未知数，未知数的最高次数是 1。

设计意图：利用学生对"一元一次"字面意思的理解和七年级学生敢于大胆猜测的特点，降低归纳特点的难度，突破难点，提高学生的参与度。分式方程不是一元一次方程是概念中的难点，这个难点不能仅仅依靠观察得出，还需要适时地告知，告知之后再进行辨别，更能达到预期的教学效果。

三、根据类比概念用尝试检验法求方程的解

1. 我们知道，使方程左右两边相等的未知数的值叫做方程的解，那么，你认为什么叫一元一次方程的解呢？

学生阅读教材中关于一元一次方程的解的定义，类比发现初中学的方程的解的概念与小学学的方程的解的概念在表述上有什么相同和不同之处。

2. 判断下列 t 的值是不是方程 $2t+1=7-t$ 的解。

（1）$t=-2$　　（2）$t=2$

3. 请写出一个一元一次方程，使它的解为 $x=3$。

设计意图：第一，帮助学生在已掌握的方程的解的概念的基础上，运用类比思想，掌握一元一次方程的解的概念。第二，小学阶段方程的解的概念是"使方程左右两边相等的未知数的值，叫做方程的解"。初中阶段方程的解的概念是"求出使方程中等号左右两边相等的未知数的值，这个值就是方程的解"。初中学的方程的解的概念比小学学的方程的解的概念更明确地强调了方程中的"等号"，更突出了方程的等式特征。第三，能够以尝试检验法的书面形式说明未知数的某个值是否为方程的解。

4. 找出 $x=\dfrac{x}{6}+\dfrac{x}{12}+\dfrac{x}{7}+5+\dfrac{x}{2}+4$ 的解。

教师引导学生尝试：x 是 6，12，7，2 的公倍数，可能是 84，168，……经过代入检验和利用人类的寿命常识判断，知 $x=84$。

5. 请填写下表，然后说出方程 $4x-5=x$ 的解。

x	–1	0	1	$\frac{4}{3}$	$\frac{5}{3}$	2	$\frac{7}{3}$	…
$4x-5$	–9							…

6. 小结尝试检验法。

设计意图：用尝试检验法解丢番图年龄问题，感受尝试检验法的实用性。教学时要让学生明白选择的那个数也要经过分析、判断、思考，而不是无边无际地尝试。体验用列表法进行尝试检验的过程，在尝试的过程中体会代入检验的方法，积累学习经验，最后归纳尝试检验法。

课堂总结：今天我们通过观察、猜想、归纳得到一元一次方程概念；类比方程的解的概念得出一元一次方程解的概念；缩小范围，代入检验得尝试检验法。

6.3.3 苏教版教材七年级上册解方程教学设计及评价

> 思考
> 初中阶段的方程也因教材版本的不同而呈现不同的例题，且各有特色。你所教学的版本是哪一种呢？你是如何教学解一元一次方程的呢？

笔者从周爱琴老师的《以学定教，打造高效课堂——一堂校本研训展示课〈解一元一次方程〉教学案例》一文中找到了初中教学解方程和小学教学解方程的衔接点。这里引用其中部分教学环节作为教学设计进行分析。教学内容是苏教版教材七年级第四章第二节"解一元一次方程"。在此之前，学生已经具备了代数的初步知识，系统学习了整式加减法、等式的性质等，为本节课的学习做了良好的铺垫。

一、课前检测

1. 计算：

（1）$-2x+6x-7x=$ _____ ；（2）$(2x-7)-(4x-5)$ _____ ；

（3）$4(2x+1)-5(x-3)=$ _____ 。

《解方程教学研究

2.请写出一个方程,并在括号里写出它的解。

3.解下列方程:

(1) $2x=6$;(2) $4x=2x+6$;(3) $4x-1=2x+5$;(4) $2x+1=4x+9$。

设计意图:第1题主要是考查学生已有的知识经验和基本计算能力,这也是解一元一次方程的基础,正确率依次为100%,91.9%,86.5%;第2题主要考查学生对方程及方程的解定义的理解,以及有没有形成检验的意识,正确率为91.9%,其中学生写方程都能做对,只是解写错了;第3题主要考查学生利用已有知识初步解简单一元一次方程的能力,正确率依次为100%,94.6%,89.2%,83.8%。通过对上述测试数据进行分析,大部分学生已经初步掌握解简单的一元一次方程所必需的基础知识和基本能力。

二、自主学习

解下列一元一次方程。

(1) $3x=12$;(2) $8x-20=5x-8$;(3) $4(2x-5)=5(x-1)-3$。

在学生解题的过程当中,教师巡视,并请三个同学在黑板上板演。

师:这三个同学的答案都是 $x=4$。怎么判断?请问他们的答案对吗?

生:他们的答案都对。只要把 $x=4$ 代入原方程当中,看原方程是否成立就行了。

师:观察解以上三个方程的过程,你发现了什么?

生:这三个方程最后的解一样。

生:这三个方程最后都变形为 $x=4$。

生:第三个方程可以变形为第二个方程,第二个方程可以变形为第一个方程,且三个方程最后都变形为 $x=a$ 的形式。

师:大家说得都很好,解一元一次方程就是要将方程变形为 $x=a$ 的形式,那么变形的依据是什么呢?

生:依据是等式的性质。

师:第二个方程变形为第一个方程时,观察哪些项没有改变,哪些项改变了,怎么变化的,依据是什么。

生:-20 变成 $+20$,且位置由方程左边移到了方程右边,$5x$ 变为 $-5x$,

6 解方程的教学设计研究与启示

且位置由方程右边移到了方程左边。依据是等式的性质。

师：方程中的某些项改变符号后，可以从方程的一边移到另一边，这样的位置改变叫移项。那么，解一元一次方程时，同学们认为哪些项需要移呢？怎么移呢？

生：含未知数的项向左移，常数项向右移。要记得改变符号。

生：不一定，只要把未知项移到一边，常数项移到另一边就行了。

师：两位同学回答得都非常好，我们把第二个方程变形为 $8x-5x=-8+20$ 就叫做移项，那大家觉得由第三个方程变形为第二个方程叫什么比较好呢？

生（齐答）：去括号。

师：方程 $3x=12$ 变形为 $x=4$ 的依据是什么？目的是什么？

生：依据是等式的性质2，目的是把 $3x$ 的系数变为1。

师：那么我们就把 $3x=12$ 变形为 $x=4$，这一步骤叫做把系数变为1。

设计意图：在这一环节，三个方程是教师精心设计的，由（3）到（2）再到（1），最后变形为 $x=4$，正是解一元一次方程的一般步骤，其中的移项、去括号，教师没有直接告诉学生，而是不厌其烦地用一个个问题一步一步地引导他们自己得出结论，并总结移项和去括号的目的、依据、注意事项，以及解一元一次方程的一般步骤（不包括去分母），让学生自己完成对知识的建构。

三、合作探究

师：请同学们尝试解下面这个方程，先独立完成，然后与本组同学交流。

解方程：$4(3x-1)-3(2x+1)=3(2x+1)-2(3x-1)$

反馈两种不同的解题方法：一种是按照去括号、移项、合并同类项、系数化为1的步骤完成解题；另一种是把 $3x-1$、$2x+1$ 看作一个整体先移项，再合并同类项，最后完成解题。经过比较，大多数同学都觉得第二种方法比较好。

设计意图：渗透整体思想，解一元一次方程时，有时把一个代数式看作一个整体来处理，可使方程的解题方法更简便。同时，也使同学们知道，解方程也需要审题，不要一看到括号就去括号。另外，只要学生的解法正确就给予表扬，不强求一定用哪种方法。

四、拓展延伸

下面三个方程的解相同，解方程的步骤却依次增加。

（1）$3x=12$；（2）$8x-20=5x-8$；（3）$4(2x-5)=5(x-1)-3$。

你能在下面的空格处照例写出其余两个方程，使得三个方程的解相同，解方程的步骤却依次增加吗？

（1）$2x=6$；（2）_____；（3）_____。

设计意图：加深学生利用等式的性质对方程进行变形的理解。

五、课堂检测

解下列几个方程：

（1）$5x+2=-8$；（2）$3x=5x-14$；（3）$7-2x=3-4x$；（4）$2(x-1)=6$；
（5）$4-x=3(2-x)$；（6）$5(x+1)=3(3x+1)$。

设计意图：为了检查这节课教学目标的完成情况，进行了课堂检测。上述六题的正确率分别为100%，97.3%，94.6%，97.3%，91.9%，94.5%。基本达到了预期目标。

6.3.4 解方程组教学设计及评价

> **思考**
>
> 不论哪一种版本的教材，在学习了一元一次方程的解法之后必然要学习如何解方程组。一般安排在七年级下册，也有教材安排在八年级。解方程组是在熟练解方程的基础上进行教学的。读一读下面的教学设计，想一想：了解一些方程组的解法，对小学教师会有哪些启示呢？

笔者从杭毅老师的《巧用思想 妙解方程》一文中找到了小学教学解方程的延伸点。这里引用其中的两道例题作为教学设计进行分析。

一、根据同类项概念列方程组解题

如：已知 $3a^{y+4}b^{3x-1}$ 与 $-2a^{2x-2}b^{1-2y}$ 是同类项，求 x，y 的值。

解：依题意有 $\begin{cases} y+4=2x-2, \\ 3x-1=1-2y, \end{cases}$ 即 $\begin{cases} 2x-y=6, & ① \\ 3x+2y=2. & ② \end{cases}$

由①得 $y=2x-6$ ③．

把③代入②，得 $3x+2(2x-6)=2$，

解得 $x=2$.

把 $x=2$ 代入③，得 $y=-2$.

所以解得 $x=2$，$y=-2$.

设计意图：转化是最基本的思想方法。其实质是把复杂问题简单化，把陌生问题熟悉化，把不可能求解的问题转变成用已学知识能解决的问题。本题运用了转化的思想方法，一是根据同类项的意义，将求解问题转化为解关于 x，y 的二元一次方程组的问题；二是运用消元的方法，将解二元一次方程组问题转化为解一元一次方程问题。

思考

由①得③的过程，其实就是小学教师特别纠结的未知数在减数的位置上的变形过程。如果小学阶段学生对这样的变形没有熟练掌握，到了七年级还在等号左右两边不停地加加减减的话，怎能快速准确地解出这么多步骤的方程组呢？因此，小学教师在教学时要避免呆板拘束，学生理解了道理之后就可以适当省略相关的步骤。否则，当学生习以为常之后，就会不自觉地写出烦琐的步骤。一旦形成惯性思维和惯性动作之后就很难纠正。

二、根据代入法列方程组解题

已知关于 x，y 的方程组 $\begin{cases} mx+ny=7 \\ 2mx-3ny=4 \end{cases}$ 的解为 $\begin{cases} x=1 \\ y=2 \end{cases}$，求 m，n 的值。

解：由题意知，将 $\begin{cases} x=1 \\ y=2 \end{cases}$ 代入方程组 $\begin{cases} mx+ny=7 \\ 2mx-3ny=4 \end{cases}$ 中，得 $\begin{cases} m+2n=7， & ① \\ 2m-6n=4. & ② \end{cases}$

①×3+②，得 $5m=25$，解得 $m=5$.

把 $m=5$ 代入①中，得 $n=1$.

所以解得 $m=5$，$n=1$.

设计意图：本题利用转化的思想方法，将方程组的解代回原方程组中，将原方程组转化为关于 m，n 的方程组，从而用代入法或加减法解方程组。

《 解方程教学研究

> **思考**
>
> 根据方程组的解的意义，用代入法将四元一次方程组转化成二元一次方程组，再用消元法解方程组。其中代入法是一种最一般的方法，但什么是代入法，小学教材中并没有讲解和说明，而是作为一个只可意会不可言传的名词被我们使用。初中教材中的代入法又和学生在小学阶段感悟到的不一样，实际上它是"代入消元法"的简称。代入消元法是将方程组中的一个方程的未知数用含有另一个未知数的代数式表示，并代入到另一个方程中去，这就消去了一个未知数，得到一个解。如此，代入法的本真含义就成了学生学习解方程的一个空白。代入是谓词，是演算的基本运算之一。它的一个重要特征是处处代入，即用一个项 t 代入一个自由变元 x，必须用 t 代替 x 在公式中所有的自由出现。初中教师以为学生已经知道了代入法，而小学教师以为在初中阶段要学习，故而代入法的教学就成了"三不管"地带。

6.4 解方程教学设计研究的启示

第一，充分认识解方程教学的中小衔接作用。这四个教学设计从四年级到七年级，从小学到初中，从简易到复杂，从一元到二元，从方程到方程组，几乎涵盖了解方程所有的基本内容。从这四个教学设计中可以看出学生的算术思维是如何一步一步过渡到代数思维的。算术的基本对象是数，包括数的表示、数的意义、数之间的关系、数的运算等。而代数的基本对象除了数，还出现了更具广泛意义的基本对象——符号。从算术到代数的过渡，需要学生从对数的思考转变为对符号的思考，从算术思维转变为代数思维。需要完成从个别到一般、具体到抽象的思维上的飞跃，使思维水平上升到一个新的高度。尽管在第一学段进行了适当的渗透，在第二学段已有"式与方程"这一内容，介绍了字母表示数和简易方程的概念以及求解的过程与方法。但直到七年级，学生才开始正式学习代数，开始学习从问题情境中抽象出关系，用代数符号表示这种关系，并按照代数法则进行思考、计算、处理。因此，我们说在小学阶段学的解方程相关内容只是学生开始进入代数范畴的过渡。这部分内容所体现的衔接作用是显而易见的。

第二，具体明确解方程教学知识的内容衔接。美国《学校数学教育的

《原则和标准》从学前期就开始引入代数概念和思想，并且每一年级都规定了很明确的、最重要的代数内容。如学前期至二年级数学教育的代数标准的"具体说明"里指出：代数概念通常在学前期至二年级的阶段产生并持续发展。这些概念会通过分类、模式与关系、整数运算、对函数概念的探讨以及解题步骤等过程表现出来。然而尽管本章讨论的是代数标准，这并不表明小学低年级的学生们必须要与那些在高中代数课中常用的符号打交道。"具体说明"里强调：在孩子们正式入学之前，他们就已经开始形成关于模式、函数以及代数的概念了。他们学习含有重复节拍的歌曲、韵律歌谣以及有规律的诗歌。这种认识、比较和分析模式的能力，是儿童的智力发展的重要组成部分。当学生意识到运算似乎具有某种特性时，他们就会开始用代数方式来思考了。美国《学校数学教育的原则和标准》从学前期就开始引入代数概念和思想，并且每一年级都规定了很明确的、最重要的代数内容。如学前期至二年级数学教育的代数标准的"具体说明"里指出：代数概念通常在学前期至二年级的阶段产生并持续发展。这些概念会通过分类、模式与关系、整数运算、对函数概念的探讨以及解题步骤等过程表现出来。然而尽管本章讨论的是代数标准，这并不表明小学低年级的学生们必须要与那些在高中代数课中常用的符号打交道。"具体说明"里强调：在孩子们正式入学之前，他们就已经开始形成关于模式、函数以及代数的概念了。他们学习含有重复节拍的歌曲、韵律歌谣以及有规律的诗歌。这种认识、比较和分析模式的能力，是儿童的智力发展的重要组成部分。当学生意识到运算似乎具有某种特性时，他们就会开始用代数方式来思考了。

从这四个教学设计中，我们不难看出我国各版本教材对于解方程教学内容的知识衔接还是有点纰漏的。针对学生从算术向代数转变困难的现状，我们是否也可以制定出更加明确的内容标准，规定每个年级要学习的重点内容，以及与其他年级的联系呢？是否可以更加明确各年级学习达到的广度和深度，更加突出年级之间知识的衔接以加强课程的连续性呢？使各年级数学教师能清楚识别代数的核心思想，在教材处理与教学过程中，对数学教学内容有纵向的透视，做好学段间、年级间知识的衔接。

第三，小学数学教师应该具有"代数"的眼睛和耳朵。小学教师要善于发现算术中潜在的代数结构，从而有效发展学生的结构意识。在教学简

《 解方程教学研究

易方程的求解时,尽量不要教学生用加和减、乘与除之间的逆运算的方法解方程。用逆运算的方法解方程与利用代数的方法解方程即用等式的性质解方程是完全不同的。尽管学生会较易理解逆运算的方法,但是方程思想才是学生应该具备的数学思想,是学生未来的发展方向。《标准》明确要求:了解等式的性质,能用等式的性质解简单的方程,就是要求学生在小学学习解方程也是要利用等式的性质,这样到了中学开始正式学习代数时,不用另起炉灶。小学阶段解方程的教学,与中学数学教学的衔接,不仅仅表现为解方程方法的一致,更有价值的是思考问题的方法趋向一致。根据四则运算的互逆关系解方程,属于算术领域的思考方法,用等式的性质解方程,属于代数领域的思考方法。在过渡期间,可以用算术方法作"拐杖"帮助学生"走一程",并且特别注意建立二者之间的联系,架起算术和代数的桥梁,为学生顺利过渡扫清心理障碍和思维障碍。

  第四,初中数学教师应该了解学生的数学现实。教师应了解学生已有的知识和经验,了解学生可能面临的困难。学生有可能对以前学习的知识形成思维定式,对当前的代数学习产生负迁移。如学生已经习惯用算术的方法来解决问题,形成了用已知数求出未知数的思维定式,那么这种思维定式将会干扰学生将未知数暂时看作已知条件,与原有已知条件结合在一起列出等式的思维活动,成为学生发现等量关系和列方程的思维障碍。这是由于学生的已有思维具有"顽固性",学生有可能拒绝接受新的知识。如上述徐杰和周爱琴两位七年级教师的一元一次方程教学环节,就设计了适合用方程解而不适合用算术方法解的问题,让学生体会到"方程是刻画现实世界的有效模型"以及一元一次方程的优越性。问题的呈现能激发学生的积极思考,设计的问题情境对于学生来说应留有一定的思考空间,能体现通过列方程解决实际问题的优越性。教师还要及时引导学生总结算术与代数知识之间的联系,引导学生重新审视小学的知识,帮助学生发现所学代数知识较小学算术知识包容程度较高。学生通过在脑海里积极地进行新旧知识的相互衔接,使得新形成的知识结构更丰富、更精致,为后续学习做好准备。如二元一次方程组、三元一次方程组等都可以化归为一元一次方程,它们都可以在一元一次方程的基础上进行同化学习。

参考文献

[1] 全美数学教师理事会.美国学校数学教育的原则和标准[M].蔡金法,吴放,李建华,等译.北京:人民教育出版社,2004.

[2] 安吉利亚.如何培养学生的数感[M].徐文彬,译.北京:北京师范大学出版社,2006.

[3] 约翰·塔巴克.代数学——集合、符号和思维的语言[M].邓明立,胡俊美,译.北京:商务印书馆,2007.

[4] R·M·加涅.教学设计原理[M].皮连生,等译.上海:华东师范大学出版社,1999.

[5] 迪克森.代数方程式论[M].黄缘芳,译.哈尔滨:哈尔滨工业大学出版社,2011.

[6] 张华.课程与教学论[M].上海:上海教育出版社,2000.

[7] 李龙.教学设计[M].北京:高等教育出版社,2010.

[8] 乌美娜.教学设计[M].北京:高等教育出版社,1994.

[9] 朱乐平.圆的认识教学研究[M].北京:教育科学出版社,2014.

[10]《数学辞海》编辑委员会.数学辞海:第1卷[M].太原:山西教育出版社,2002.

[11] 课程教材研究所.20世纪中国中小学课程标准·教学大纲汇编:数学卷[M].北京:人民教育出版社,1999.

[12] 曹一鸣.十三国数学课程标准评介(小学、初中卷)[M].北京:北京师范大学出版社,2012.

[13] 张奠宙,王善平.数学文化教程[M].北京：高等教育出版社,2013.

[14] 王春华.教学设计的理性及其限度[D].济南：山东师范大学,2014.

[15] 赵锐.7年级学生从算术向代数过渡的研究[D].西安：陕西师范大学,2007.

[16] 宗序连.小学数学教学设计研究[D].苏州：苏州大学,2010.

[17] 徐文彬.试论算术中的代数思维：准变量表达式[J].学科教育,2003(11).

[18] 施银燕.尽早概括，适时抽象，打开儿童的代数之门——拉弗德报告中的课例给我的启示[J].小学教学：数学版,2012(12).

[19] 张丹.如何理解和发展代数思维——读《早期代数思维的认识论、符号学及发展问题》有感（上）[J].小学教学：数学版,2012（11）.

[20] 曾小平,刘长红.谈谈算术与代数的本质与区别——兼答"算术法和方程法，哪个重要"[J].小学教学：数学版,2011（11）.

[21] 杭毅.巧用思想 妙解方程[J].初中生世界,2014(6).

[22] 黄娟娟.解方程教学三步曲[J].数学学习与研究,2013(12).

[23] 邱婧玲,吴秀君.教学设计理论体系综述[J].河西学院学报,2008(5).